Reden und Aufsätze 63

Ortsnamenforschung in Südwestdeutschland

Eine Bilanz

Festkolloquium anlässlich des
65. Geburtstages von Dr. Lutz Reichardt
am 10. Dezember 1999

Herausgegeben von Ulrich Sieber

Reden und Aufsätze
herausgegeben im Auftrag des Rektorats der Universität Stuttgart
von Ulrich Sieber

Postfach 10 49 41, D-70043 Stuttgart
Telefon (07 11) 1 21-22 22; Telefax 1 21-35 02

Satz und Druck: Offizin Chr. Scheufele, Stuttgart

ISSN 0940-0710
ISBN 3-926269-31-6

Inhalt

Werner Stephan

Einführung

Sehr geehrte Damen und Herren,
liebe Kolleginnen und Kollegen,
verehrte Freunde der Bibliothek und last but not least
lieber Herr Dr. Reichardt.

Für mich ist es heute eine ganz besondere Freude, Sie alle zu dem Kolloquium *„Ortsnamenforschung in Südwestdeutschland. Eine Bilanz"* in unserer Bibliothek begrüßen zu können. Wir ehren damit einen Kollegen, der als anerkannter Ortsnamenforscher schon eine Vielzahl von Ehrungen erhalten hat, der für mich persönlich aber der Inbegriff des wissenschaftlichen Bibliothekars ist. Gerade in der letzten Zeit wird über diese Berufsbezeichnung ja erneut inhaltlich diskutiert. Sie, verehrter Herr Reichardt, haben eindrucksvoll gezeigt, wie man Beruf und wissenschaftliches Lebenswerk verknüpfen kann und wie eines das andere nicht ausschließen muss. Wohlgemerkt in Ihrer Freizeit entstanden die Werke, die Sie zu einem renommierten Ortsnamenforscher gemacht haben. Beschäftigt man sich heute mit Ortsnamen in Südwestdeutschland, stößt man unweigerlich auf den Namen Reichardt. Ja, man wird direkt aufgefordert (wenn nicht sogar gezwungen!): „Schlag nach bei Reichardt." Ich bin mir sicher, dass wir auch in Zukunft weitere „Nachschlagewerke" von Ihnen erwarten können, die Licht in das Dunkel der südwestdeutschen Toponyme werfen werden.
Meine Damen und Herren, Ortsnamen, d. h. für uns Namen von Siedlungen, aber auch Flur-, Länder-, Straßen- und Gewässernamen, sind sprachgeschichtliche Denkmäler. Von daher ist die Ortsnamenforschung ein Teilgebiet der Sprachwissenschaft. Sie untersucht die Bedeutung, Bildung, Entstehung und Verbreitung der Ortsnamen und dient der Geografie, der Siedlungsgeschichte, der Volkskunde als Hilfswissenschaft. Andererseits ist die sprachliche Deutung der Ortsnamen oft erst möglich, wenn ihre historische Schichtung und geographische Verbreitung erkannt ist. Von diesem Spannungsverhältnis lebt für mich die Erforschung der Ortsnamen. Salopp könnte man formulieren: Das macht es für mich spannend. Ich bin sicher, dass wir heute in diesem Sinne spannende Vorträge erwarten dürfen.

Ich bedanke mich bei allen Vortragenden, aber auch den übrigen Teilnehmern, dass Sie unserer Einladung gefolgt sind. Ich bedanke mich bei der Universität Stuttgart für die Unterstützung, aber ebenso danke ich der Firma Sun Microsystems für die Unterstützung einer „geisteswissenschaftlichen" Veranstaltung.
Uns allen wünsche ich spannende Vorträge und eine ertragreiche Diskussion.

Gerhard Taddey

Personifizierte Namenforschung in Südwestdeutschland: Lutz Reichardt

„Durch Ortsnamen, die ältesten und dauerndsten Denkmäler, erzählt eine längst vergangene Nation gleichsam selbst ihre eigenen Schicksale, und es fragt sich nur, ob ihre Stimme uns noch verständlich bleibt". So äußerte sich – vielleicht in der Wertung etwas übertrieben – Wilhelm von Humboldt über die Bedeutung der Ortsnamen. Sicher wird man aus ihnen nicht Schicksale, eher wohl Gründungssituationen, Gründungsmotive entnehmen können, aber gültig ist die Frage, ob die Stimme der Ortsnamen uns noch verständlich bleibt. Sie bleibt es nicht, wenn nicht sachkundige Vermittler unserer von kurzlebigen „Events" geprägten Gesellschaft ihr Wissen, ihre Erfahrung, ihr methodisches Handwerkszeug zur Verfügung stellen, um den langen Weg von den heute gebräuchlichen Namensformen zurück zu den Anfängen zurückzulegen, die jahrhundertealten Schichten Schritt für Schritt zu entfernen, um zum Kern, zur Deutung und zur Bedeutung der Ortsnamen zu kommen.

Warum beschäftigen wir uns überhaupt mit Namen? Was ist eigentlich ein Name? Ein Name ist das einem lebenden Wesen oder einzelnen Ding zur Unterscheidung von anderen zukommende Wort. „Ein Name" – so sagt es das bedeutendste sprachgeschichtliche Lexikon der Brüder Grimm – „ist bloß ein Bedürfnis der Unterscheidung. Wer allein ist, hat keinen Namen nötig, denn es ist keiner da, mit dem er verwechselt werden könnte". Das ist wohl ein wenig zu abstrakt, auch von der Gedankenführung her, aber ein Körnchen Wahrheit steckt schon darin.

So dienen Ortsnamen zur Bezeichnung und Unterscheidung menschlicher Siedlungen. Die Ortsnamengebung geht häufig auf die Ortsgründer, die geistlichen oder weltlichen Grundherren zurück, muss aber letztlich von den Bewohnern akzeptiert und sanktioniert, durch Konvention, durch dauernden Gebrauch gefestigt werden.

Namenskontinuität beruht in der Regel auf Siedlungskontinuität am gleichen Ort, wobei die ethnischen Voraussetzungen im Laufe der Zeit durchaus wechseln können. Namen können auf Gegebenheiten der Natur oder der Kultur, auf Bewohner oder Besitzer und auf Ereignisse wie Rodung zurückgeführt werden. Immer aber führen sie in die längst vergangene Geschichte – auch bei neuen Namensgebungen – zurück, sind damit ein Teil der geschichtlichen Landeskunde, und ihre Erforschung gehört damit zum Aufgabengebiet der Kommission für geschichtliche Landeskunde in Baden-Württemberg. Vor den hier zu Ehren und zum Abschied von Lutz Reichardt zusammengekommenen Freunden, Bekannten, Kollegen und Mitforschern als Nichtfachmann Grundsätzliches zur Onomatologie zu sagen, erscheint mir fast vermessen, aber meine gern übernommene Aufgabe heute soll ja nicht ein Beitrag zur Namenforschung sein – diesen Part werden im Anschluss die Fachleute übernehmen, um uns kurzweilig in die diffizile Welt dieses sich aus vielen Disziplinen zusammensetzenden Forschungssegments einzuführen.

Ich habe mich mit dem Forscher Lutz Reichardt, der am Ende einer beruflichen Laufbahn, keineswegs aber am Ende seiner Forschungstätigkeit steht, auseinanderzusetzen. Als derzeitiger Vorsitzender der Kommission für geschichtliche Landeskunde in Baden-Württemberg, die für die Publikation seiner großen Forschungsergebnisse im wesentlichen die Verantwortung trägt, ist es mir eine Ehre und Freude zu versuchen, Ihnen beide Komponenten vorzustellen, deren außerordentlich erfreuliches Zusammenwirken aus einer selbstlosen Gelehrtentätigkeit ein für viele auf Jahre und Jahrzehnte nutzbares Arbeitsergebnis erbracht hat.

Beginnen wir mit der Biographie unseres Jubilars bis zu seinem ersten Kontakt zur Kommission. Bei der Laudatio anlässlich der Schillerpreisverleihung vor wenigen Wochen in Marbach a. N. hat Professor Lorenz sehr originell den Lebensweg des Autors mit der Wanderung der Sueben in der Völkerwanderungszeit in Parenthese gesetzt. Da sich eine Wiederholung verbietet, muss ich wesentlich nüchterner die harten biographischen Fakten referieren. Am 30.12.1934 wurde Lutz Reichardt in Berlin-Schmargendorf geboren, wo er 1941–1943 die Grundschule besuchte. Er hat dort noch die Sütterlin-Schrift gelernt, sicher eine wichtige Voraussetzung für seine spätere Beschäftigung mit schriftlichen Zeugnissen früherer Jahrhunderte. Nach der Übersiedlung in die alte Kaiserstadt Goslar wurde aus dem Berliner ein Niedersachse, der nach dem Abitur Germanistik, Geschichte, Sport und Pädagogik in Marburg und Göttingen studierte und 1962 mit dem Staatsexamen für das höhere Lehramt erfolgreich abschloss. Helmstedt und Braunschweig waren die Stationen seiner Referendarzeit, denn noch war die Schule, das Lehramt das Ziel. Nach dem Assessorexamen kam jedoch die kopernikanische Wende, ohne die wir heute kaum hier zusammensäßen. Lutz Reichardt, inzwischen verheiratet und glücklicher Vater, begann ein zweites Referendariat an den Universitätsbibliotheken in Marburg und

Köln, das er mit der Staatsprüfung für den höheren Dienst an wissenschaftlichen Bibliotheken 1966 erfolgreich beendete.
Während er als junger Assessor die Fachreferate für Germanistik, allgemeine Sprach- und Literaturwissenschaft, Kunstgeschichte und Pädagogik an der Universitätsbibliothek in Marburg betreute, entdeckte er seine Liebe zu den Ortsnamen. Mit einer Arbeit über die Siedlungsnamen der Kreise Gießen, Alsfeld und Lauterbach in Hessen, die von Professor Joachim Göschel betreut wurde, wurde er 1972 in Marburg promoviert. Die in den Göppinger Arbeiten zur Germanistik publizierte Arbeit wurde 1976 mit dem Preis der Henning-Kaufmann-Stiftung zur Förderung der westdeutschen Namensforschung auf sprachgeschichtlicher Grundlage ausgezeichnet. Den inzwischen zum Bibliotheksrat Avancierten zog es dann in den Süden, wo er 1974 als Oberbibliotheksrat die stellvertretende Leitung der Universitätsbibliothek Ulm übernahm. Nicht lange hielt es Lutz Reichardt in Ulm. Seit 1976 leitete er die Bibliothek der Pädagogischen Hochschule und der Fachhochschule für Sozialwesen in Esslingen bis zur Auflösung der Pädagogischen Hochschule 1984 aufgrund von Überkapazitäten im Lande.
In dieser Zeit entdeckte er seine Liebe zur Ortsnamenforschung neu. Seit 1979 erschienen zunächst vereinzelte Beiträge über einzelne Namen vor allem in den Beiträgen zur Namenforschung, 1982 das Ortsnamenbuch des Kreises Esslingen als Band 98 in der Reihe B der Veröffentlichungen der Kommission für geschichtliche Landeskunde in Baden-Württemberg.
Unterbrechen wir hier kurz die Biographie, um zur schon erwähnten zweiten Komponente zu kommen. Nun will ich Ihnen hier nicht in extenso diese Institution vorstellen, die vielen von Ihnen zumindest unbewusst aufgrund ihrer Arbeitsergebnisse bekannt ist. Einiges wenige möchte ich in Erinnerung rufen: die beiden Zeitschriften ZWLG und ZGO, die Veröffentlichungsreihen A Quellen, B Forschungen, den Historischen Atlas von Baden-Württemberg, das Handbuch der baden-württembergischen Geschichte, die biographischen Reihen – die badischen und baden-württembergischen Biographien sowie die Lebensbilder – und herausragende Einzelpublikationen wie jüngst die Biographie des Architekten und Festungsbaumeisters Daniel Specklin und in Kürze ein Handbuch sämtlicher württembergischer Landtagsabgeordneten seit 1819 bis 1933.
Ende der 50er Jahre kamen Überlegungen auf, das grundlegende Werk von Ernst Förstemann knapp hundert Jahre nach dem Erscheinen – 1856 ff. – einer gründlichen Überarbeitung zu unterziehen, und zwar bundesweit. Die DFG förderte das Projekt. So kam es, dass sich der Vorstand der Kommission im Frühjahr 1961 erstmals Gedanken über ein historisches Orts-

namenbuch von Baden-Württemberg machte. Unter Anleitung des unvergessenen früheren Leiters der Abt. Landesbeschreibung bei der Archivdirektion Stuttgart Hans Jänichen – ebenfalls Schillerpreisträger – begann man mit der Verkartung von Ortsnamen aus der Literatur, vor allem zunächst aus dem württembergischen Urkundenbuch.

Während das DFG-Projekt Förstemann nur die Erfassung von Belegen bis 1200 vorsah, bestand in der Kommission Übereinstimmung, dass bei dieser Begrenzung sehr viele Orte überhaupt nicht erfasst wurden. So wurden alle Belege bis 1300 gesammelt, um auch die hochmittelalterlichen Neugründungen, auch die späteren Wüstungen weitgehend erfassen zu können. Auch spätere Belege wurden – allerdings unsystematisch – aufgenommen. Als erste Manifestation des neu erwachten Interesses an den Namen erschien als Bd. 36 eine Dissertation über die Ortsnamen der Kreise Karlsruhe und Bruchsal, die allerdings unabhängig von den nur schleppend vorankommenden Aktivitäten der Kommission erarbeitet worden war. Auf der Mitgliederversammlung 1971 berichtete Jänichen ausführlich über den Stand des Projekts. Immer wieder wurde in den folgenden Jahren über die Konzeption gesprochen. Der Akzent wurde auf den württembergischen Landesteil gelegt, der nicht über ein Topographisches Wörterbuch wie Baden verfügte.

Während inzwischen die Materialsammlung weiterging, brach die Kreisreform über das Land herein mit ihrer tiefgreifenden Veränderung der bisherigen Verwaltungsstruktur. Hans Jänichen legte im Juni 1973 ein Manuskript vor, das für einen der neuen Landkreise, nämlich Böblingen, die Namen erfasste, nicht nur die eigentlichen Orte, sondern auch die neuen Namen, solche von Höfen und Stadtteilen. Er plante, in rascher Folge vergleichbare Hefte folgen zu lassen, erst abschließend Deutungen der Namen und ein Gesamtregister. Nach eingehender und kontroverser Diskussion beschloss die Kommission, Jänichens Vorschlägen zu folgen.

Als Hans Jänichen unheilbar erkrankte, versuchte er noch am Beispiel eines Kreises deutlich zu machen, wie er sich ein baden-württembergisches historisches Ortsnamenbuch vorstellte. Das Erscheinen des schmalen Bändchens über den Kreis Böblingen als Bd. 94 der Reihe B hat er nicht mehr erlebt. Er wollte einen neuen Typ von Ortsnamenbuch schaffen. Das alte Ortsnamenmaterial sollte auch die neueren Veränderungen im Siedlungsbild, Neubaugebiete, selbst Industriegebiete und jeden Aussiedlerhof umfassen. Während er vor allem auf die Auflistung der Namensbelege als Historiker Wert legte, blieben die Erklärungen der Namen vor allem für die Germanisten unbefriedigend. Das war 1978.

Wenig später – vielleicht nicht unbeeinflusst von dieser Publikation – kamen Lutz Reichardt und die Kommission in Tuchfühlung. Er bot sein inzwischen abgeschlossenes Manuskript über die Ortsnamen des Kreises Esslingen der Kommission zur Drucklegung an. Die Aufnahme, die dieser Vorschlag im Kommissionsvorstand fand, war nicht überwältigend, bedeutete er doch, dass die Funktion des Bändchens über den Kreis Böblingen als Prototyp für ein landesweites Ortsnamenbuch infrage gestellt wurde, denn die Methoden Jänichen und Reichardt waren keineswegs identisch. Bevor man sich zur Annahme des Bandes zum Druck entschloss, wurde das Manuskript einer gründlichen Durchsicht unterzogen. Zwei der damals Beteiligten waren Germanisten, einer Historiker. Bei grundsätzlicher Zustimmung wurde festgestellt, dass die Aussparung historischer Zusammenhänge bei rein sprachwissenschaftlicher Auswertung zu falschen Aussagen führen könne. Allgemein bestand aber die Auffassung, man solle das Manuskript publizieren, um so den Historikern eine Grundlage für die Weiterarbeit bereitzustellen. Für die Kommission sei das Risiko tragbar, weil ja der Kreis die Kosten zahle.

Inzwischen war Lutz Reichardt bienenfleißig weiter am Werk gewesen und hatte ein zweites Manuskript über die Ortsnamen des Kreises Ludwigsburg und des Stadtkreises Stuttgart vorgelegt. Eine Überprüfung der von Jänichen hinterlassenen Kartei hatte ergeben, dass sie für ein Historisches Ortsnamenbuch von Baden-Württemberg nicht zuverlässig genug war. So wurde der Reichardt'sche Weg eingeschlagen, nicht zuletzt deshalb, weil man vom Arbeitsethos und der Leistungsfähigkeit des tüchtigen Germanisten beeindruckt und überzeugt war. Auch mit der kreisweisen Bearbeitung war man einverstanden, wollte aber das Gesamtvorhaben und die künftig einmal fällige Rahmendiskussion nicht aus dem Auge verlieren. Er wurde einer der aktivsten Autoren der Kommission.

Nach den Bänden 98 Esslingen, 101 Stuttgart und Landkreis Ludwigsburg folgten 102 Reutlingen, 104 Tübingen, 105 Alb-Donau-Kreis und Stadtkreis Ulm in nur fünf Jahren, eine außergewöhnliche auch physische Leistung. Als Anerkennung berief ihn 1986 der zuständige Minister auf Vorschlag der Mitgliederversammlung zum korrespondierenden Mitglied der Kommission. Für seine drei ersten württembergischen Ortsnamenbücher hatte er inzwischen erneut den Preis der Henning-Kaufmann-Stiftung erhalten. Auch eine letzte berufliche Veränderung hatte stattgefunden: Er war 1984 hierher an die Universitätsbibliothek versetzt worden.

1987 erschien als Bd. 111 der Kreis Heidenheim, 1989 als Bd. 112 Göppingen. Die weiteren Kreise waren umfangreicher und zeitraubender, was am Umfang sichtbar wird. Der Rems-Murr-Kreis war 1993 fertig, in diesem Jahr schließlich zweibändig der Ostalbkreis.

Der sprachwissenschaftliche Ansatz steht für das Reichardt'sche Werk außer Frage. Siedlungsgeschichtliche Schlussfolgerungen sollten erst nach der Vorlage mehrerer Bände in interdisziplinärer Zusammenarbeit gezogen werden. Wichtig war, dass die Namen vom ersten Beleg bis in die Gegenwart in ihrer Entwicklung verfolgt wurden.

Wenn Lutz Reichardt, den die Kommission seit 1990 zu ihren ordentlichen Mitgliedern zählt, den Kreis Böblingen noch einmal unter Berücksichtigung der Ergebnisse von Hans Jänichen bearbeitet hat, dann verfügen wir über einen geschlossenen Komplex der württembergischen Ortsnamen des weitgespannten mittleren Neckarraumes, eine bewundernswerte Lebensleistung, für die Lutz Reichardt zu Recht den Schillerpreis erhalten hat. Das ist sozusagen Gegenwart, aber uns in der Kommission beschäftigt natürlich die in die Zukunft weisende Frage: Wer wird sich künftig diese Stiefel anziehen? Wer wird sich der Mühe unterziehen, im gleichen Stil, mit der gleichen Akribie die übrigen Kreise des Landes zu bearbeiten? Hier tut sich ein Feld für junge Germanisten mit historischen Kenntnissen und Historiker mit germanistischer Erfahrung auf. Die Kommission wird entsprechende Arbeiten gern unterstützen, wobei wir sicher mit der Hilfe unseres Jubilars rechnen können.

Heute gilt unser Dank einem Onomatologen, der die Ortsnamenforschung in unserem Lande wie kein anderer vor ihm vorangebracht hat. Wir wünschen ihm einen ruhigen Übergang in den Ruhestand, viele Jahre des ungetrübten Genusses freier Zeit, eine möglichst stabile Gesundheit und Freude an der Weiterarbeit unter dem Zeichen der Freiwilligkeit. In diesen Dank schließe ich seine Frau ein, die jüngst mit dem Landenberger-Preis der Stadt Esslingen ausgezeichnet wurde – eine wahrhaft preiswürdige Lebensgemeinschaft.

Lassen Sie mich schließen mit einem Absatz aus Förstemanns Buch über die deutschen Ortsnamen, mit dem er das Kapitel über die Ortsnamen in der Zeit eingeleitet hat:

„Gäbe es einen vollständigen Stammbaum der ganzen Menschheit, so wäre ausser vielem anderen auch die Forschung der Genealogen, die an der Herstellung von kleinen Stückchen dieses Riesenstammbaumes arbeiten, gänzlich zu Ende. Eben so wäre der Gegenstand dieses Capitels erschöpft, wenn wir von jedem deutschen Ortsnamen wüssten, wann er entstanden, wann jede lautliche Veränderung mit ihm vorgegangen, und wann er, falls er nicht mehr existirt, untergegangen ist. Die völlig unmögliche Erreichung der Ziele darf in beiden Wissenschaften dennoch nicht davon abschrecken, sich ihnen nach Möglichkeit zu nähern" – und ich ergänze, wie Lutz Reichardt es vorbildlich in seinem Sinn gezeigt hat.

Arno Ruoff

Das weite Feld der Orts- und Flurnamen

Tummelplatz, Forschungsplatz, Kampfplatz, Festplatz

Meine Damen und Herren,
wir hören aus dem Matthäus-Evangelium, aus dem 27. Kapitel die Verse 6–8:

> „6. Aber die Hohenpriester nahmen die Silberlinge, und sprachen: Es taugt nicht, daß wir sie in den Gotteskasten legen, denn es ist Blutgeld.
> 7. Sie hielten aber einen Rat, und kauften den *Töpfersacker* darum zum Begräbnis der Pilger.
> 8. Daher ist derselbige Acker genannt der *Blutacker* bis auf den heutigen Tag."

Matthäus belegt zuverlässig den Namen samt Lage, Nutzungsart, früherer Benennung und Deutung. Er ist zwar nicht der erste Namenkundler, aber ein ganz rechtschaffener. (Drum ist er auch in den Himmel gekommen.)
Ihre Entstehung festzulegen ist gerade bei Flurnamen oft nicht so einfach: Was war zuerst da: Henne oder Ei? Die Sache oder der Name?
Auch das Alte Testament bietet onomatologische Leckerbissen:

> „15. Und er fand einen frischen Eselskinnbacken; da reckte er seine Hand aus, und nahm ihn, und schlug damit tausend Mann.
> 16. Und Simson sprach: Da liegen sie bei Haufen; durch eines Esels Kinnbacken habe ich tausend Mann geschlagen.
> 17. Und da er das ausgeredet hatte, warf er den Kinnbacken aus seiner Hand, und hieß die Stätte *Kinnbackenhöhe*.
> 18. Da ihn aber sehr dürstete, rief er den Herrn an und sprach: Du hast solch groß Heil gegeben durch die Hand deines Knechts; nun aber muß ich Dursts sterben, und in der Unbeschnittenen Hände fallen.
> 19. Da spaltete Gott die Höhlung in Lehi, daß Wasser heraus ging; und als er trank, kam sein Geist wieder, und ward erquicket. Darum heißt er noch heutigestags *des Anrufers Brunnen*, der in Lehi ist." (Buch der Richter, 15. 15–19).

Die Plätze hießen gewiß so, heißen vielleicht heute noch so. Und warum sollte Simson nicht 1000 Mann mit einem frischen Eselskinnbacken erschlagen haben?! Bloß könnte es auch so sein, daß es die Kinnbackenhöhe schon vorher gab, wie in den Weinbergen zwischen Cannstatt und Esslingen mehrfach der Flurname *Kinnbacken* vorkommt (einmal entstellt zu *Kembach*). Aber dort ist keine Spur, kein Hauch von Simson, wenn man nicht die hiesige Bezeichnung für einen geringwertigen Wein als „Semsagräbsler" als *Simsonkrebsler* auf ihn zurückführt. Wir müssen also immerhin mit der Möglichkeit rechnen, daß der schon vorhandenen Name Anlaß für die Legende gab, die sich um ihn rankt.

Entstehungssagen von Ortsnamen füllen viele Bücher. Man glaubt an sie, wie ältere Kinder an den Nikolaus glauben: wenn's nicht stimmt, ist's wenigstens schön.

Den fremdartigen Bergnamen *Achalm* hat schon der erste Tübinger Ordinarius für Germanistik, Ludwig Uhland, gedeutet. In seinem Gedicht „Die Schlacht bei Reutlingen" heißt es:

„‚Ach Alm – ' stöhnt einst ein Ritter,
ihn traf des Mörders Stoß;
Allmächt'ger wollt er rufen,
man hieß davon das Schloß."

Nagolds sagenhafte *Wüste Urschel* ist aus einem Flurnamen geboren, daraus eine unansehnliche, aber wundermilde Grafentochter geworden, die sich an mindestens zwei verschiedenen Stellen der Gemarkung in den Tod gestürzt hat. Die dankbaren Nagolder haben sie in Stein gehauen am Rathausbrunnen verewigt.

Die Stadt Nagold hat die Volksetymologie ihres Namens am Stadteingang gärtnerisch gestaltet: aus gelben und blauen Stiefmütterchen einen stahlblauen Nagel im goldenen Bett. Das heißt man Nägel mit Köpfen machen! Und die Nagolder haben davon mehr, als wenn man ihnen sagt, der Name komme vermutlich aus keltischem *nagalodunum. Wenn ein Namenforscher das für blühenden Unsinn hält, muß er bedenken: Namen sind nicht Eigentum von Onomatologen, sondern Allgemeingut! Und zwar ein sehr wertvolles Gut der Allgemeinheit: geistiges Spielzeug aller Stände, unerschöpfliche Quelle für Ideen, für Sagen, für historische Theorien, für Weltbetrachtungen.

Man braucht ja auch Namen, um sich Welt „erfahrbar" und „erfaßbar" zu machen. Denn erst was man benamt, benannt hat, wird einem vertraut. Drum wird die Gans, die einen Namen hat, nicht recht als Weihnachtsbraten schmecken.

Was man benamen kann, verliert seine Unheimlichkeit. Kein Mensch weiß, was Neurodermitis ist, aber mit ihrem Namen bannt man ihren Spuk. Besser man leidet an einem Syndrom, als man weiß gar nicht, was einem fehlt. Das Feld der Namen ist nicht nur ein weites, sondern auch ein sehr tiefes. Örtlichkeitsnamen haben die Menschen schon immer stark beschäftigt. Und natürlich auch die Wissenschaft. Jacob Grimm war der Begründer der Germanistik, der Dialektologie, der Namenforschung. Seinen Arbeiten folgte ein ungemeiner Aufbruch zu den germanischen Wurzeln unserer Sprache, unserer Namen. In den gleichen ersten Jahrzehnten des letzten Jahrhunderts geschah die Neuordnung des neuen Königreichs Württemberg durch die Landesvermessung. Das Ergebnis waren 15572 Flurkarten im Maßstab 1:2500. Darein sollten alle Benennungen der „Ortschaften, Feldgüter, Waldungen, Berge, Flüsse, Bäche" aufgenommen werden, und zwar in derjenigen Orthographie, derer sich die Amtsstuben bedienten.
Aber in der Dienstanweisung folgt eine überpünktliche Vorschrift, daß dabei auch der landläufige Gebrauch der Namen zu berücksichtigen sei:

> „Vulgare, oder die im gemeinen Leben gewöhnlichen Benennungen so wie alle Abweichungen von der ordentlichen Schreibart, können nur im Aufnahms-Register durch eine Parenthese neben oder unter der lagerbüchlichen Benennung vorgetragen werden.
> Der Geometer hat diese Benennungen vorläufig nach der Angabe der Indikateurs mit dem Bleistift einzuschreiben, der Ober-Geometer aber sich am Schluße der Revision zu derjenigen Stelle, welche die Lagerbücher und ältern Plane in Verwahrung hat, und zwar mit Zuziehung der Indikateurs, zu begeben und sie zu revidiren. Alsdann erst hat sie der Geometer der gegebenen Vorschrift gemäß, mit guter Tusche einzuschreiben oder einschreiben zu lassen. Die mit den Dokumenten übereinstimmende Angabe jener Benennungen ist von der Orts-Behörde zu beurkunden, und die Urkunde am Ende des Brouillon einzuheften."

(Der „Indikateur" ist der örtliche sachkundige Mittelsmann, „Brouillon" hieß das „Feldbuch", worein der Geometer zu jedem Blatt der Flurkarte die nötigen Ergänzungen einzutragen hatte: Maße, Grenzen, Wege, Gebäude usw.)
Die Anweisung geht noch lange weiter und zeigt das redliche Bemühen um bestmögliche Namensformen.
Als zu Ende des letzten Jahrhunderts die Topographische Karte 1:25000 entstand, erwachte das öffentliche Interesse an Örtlichkeitsnamen erst richtig. 1898 erschien als erstes Meßtischblatt das Blatt „Oberthal", das

notabene fast zu einem Drittel badisches Gebiet kartografierte. Sofort nach seinem Erscheinen unterzog der Tübinger Germanist Karl Bohnenberger die Namenschreibung des Blattes einer sprachwissenschaftlichen Kritik. Das Königlich-statistische Landesamt nahm ihn beim Wort und schuf für ihn die Stelle des „Schriftsachverständigen", der jede Karte vor Erscheinen überprüfen und Schreibanweisungen für die Geometer erarbeiten sollte. Zugleich gründete Bohnenberger das Württembergische Flurnamenarchiv. Aus sehr vielen Orten des Landes lieferten Mittelsleute, besonders die örtlichen Dorfschullehrer, Namensammlungen, die heute zu einem Bestand von über 100 000 Karteikarten mit allen für die Forschung nötigen Angaben angewachsen sind.

Die Beschäftigung mit Flurnamen ist rasch zum Volkssport geworden. Von überall her bekam Bohnenberger Meldungen über falsch geschriebene Flurnamen. Bodarella und Doma (augenscheinlich eine römische Göttin) hatte er 1898 selber schon entmythologisiert und auf Bodenrillen und Daumen zurückgeführt.

Aus der schlichten Lehmgrube, schwäbisch *Leimtelle*, gesprochen *Loidäll*, war *Sankt Landolin* geworden, die *Eidechse*, gesprochen *Ägäs*, erschien als *Ehegasse*, der *Michelleh* (großer Grabhügel) als schlichtes *Michele*. Der nicht mehr verstandene *Seldner* (Kleinbauer) wurde zum *Söldner*, *Satel* (kleines Ackermaß) zu *Sattel*, *Muskelle* (Breischöpflöffel) zu *Muskel*, *Gehälde* zu *Kälte*, *Geheule* zu *Keule*, *Falltor* zu *Falter*, *Breisle* (Rand) zu *Preußle*, *Mähdle* (kleine Mahd) zu *Mägdelein*, *Beckenschlägle* (kleiner Wald des Bäckers) zu *Backenschlägle*, *Masselter* (Feldahorn) zu *Maßhalter*, *Sengernen* (Rodungswiesen) zu *Sängerinnen*. Die Anzahl mißgedeuteter Flurnamen war so groß, daß Bohnenberger bald bittet, solche „Beiträge, die sich ja, wie früher gezeigt wurde, ins Unendliche vermehren lassen", ihm nicht mehr einzusenden.

Die Entscheidung über Herkunft und demnach richtige Schreibung von Örtlichkeitsnamen verlangt 1. den Lokalaugenschein mit kundigen Gewährsleuten, 2. die Kenntnis der örtlichen mundartlichen Namenaussprache, 3. die Kenntnis der überlieferten Namenformen, denen man erst entnehmen kann, daß etwa die Stuttgarter Hartungsreute erst zur Hartmannsreute und schließlich zur Hauptmannsreute geworden ist, wie das mustergültig Helmut Dölker in seinem Standardwerk über „Die Flurnamen der Stadt Stuttgart" gezeigt hat. Allein mit wissenschaftlichen Methoden ist auch zu klären, daß der Hoppenlau-Name einen kleinen Wald (Loh, mundartlich Laoh) des Huopo darstellt und nicht die Urzelle des Stuttgarter Gestütsgartens ist, wie frühere Betrachter gemeint hatten, weil 1. der Boden durch Tur-

nierpferde *hoppelig* geworden sei oder 2. das niederdeutsche *Hoppe* = Roß („Hoppe, Hoppe, Reiter!") sich hier wiederfinde im „Kultwald, in dem die Wotan geweihten Orakelrosse gezüchtet wurden".
Der Ertinger Arzt Michael Buck gab 1880 sein Oberdeutsches Flurnamenbuch heraus. Darin wendet er sich im Vorwort vehement gegen die Hobbynamenkundler: Deren „philologische Abendbelustigungen kann man hierzulande des öftern mit anhören, sie beweisen zumindest soviel, daß es an Freude und Liebe zum Etymologisieren keineswegs mangelt, aber auch, daß selbst grundgelehrte Schneider oft genug den Bletzen neben das Loch setzen." Er stellt heute noch gültige Bedingungen für die wissenschaftliche Namenforschung auf, und meint: „Damit solle jenes ungeheure Heer abenteuerlicher Einfälle und historischer Unmöglichkeiten, das in zahllosen Werken seinen Spuk treibt, fallen, allein es erfreut sich trotzalledem einer staunenswerten Zählebigkeit." Wie wahr! Auch nach hundert Jahren noch. Denn auch heute noch wabert auf unseren Bergen keltischer Stierkult, den Passmann 1972 auf vielen Schwarzwaldbergen findet in den vielen Farrennamen (bloß heißt der Stier hier nirgends Farren, sondern im Nordschwarzwald *Hummel*, im mittleren Schwarzwald *Hagen*), wofür aber massenhaft Farnkräuter wachsen und Namen verursachen.
Den germanischen Sonnenkult repräsentieren Lehmanns Kapf-Systeme von 1991, die alle Kapf-Namen (aus *kapfen* = schauen) um Mittelpunkte wie etwa den Tübinger Österberg gruppieren.
Ehmert führt unnachahmlich komisch (aber ernst gemeint) die Flurnamen im Kreis Nürtingen auf römische und keltische Wurzeln zurück. Auf seiner Arbeit fußt Schorps „Flurnamenforschung in neuerer Sicht" von 1959. Ihm ist keine Herleitung mehr unmöglich: „Bei der Umwandlung von romanisch W zu G oder deutsch K zu W bedeuten Gültstein, Goldbach, Killer, Kaltes Feld, Kilchberg [...] und Wolfenhausen alle dasselbe."
Immer wieder entdecken Namenfreunde Neues: Vor 20 Jahren wurden im Südschwarzwald Gemsen neu angeblumt, aber schon um 1432 gab es solche bei Neuenbürg: Ein Heimatfreund hat vor wenigen Jahren einen Brunnentrog gezimmert und neben ihm auf einer Tafel die erklärende Urkunde dazu mit dem Beleg für den *Gemßbronnen*. Er hat nur einen winzigen Strich zu wenig gelesen, der das scheinbare *m* zu zwei *n* macht, den *Gemßbrunnen* also zum *Gennßbrunnen*, der auf den Meßtischblättern auch schon längst als *Gänsbrunnen* eingetragen ist.
Das Bild des Ulmer Spatzen ergibt nach Ungericht die Struktur der Stadtanlage: „Das Straßenbild der Ulmer Altstadt ist einer Vogelfigur nachgebildet, an deren *Nase* sich der *Vögelesbrunnen* und das *Maulschellengäßle*

befinden, in deren Kopf die *Köpfingergasse* und in deren Leib die *Leib- und Seelengasse* verlaufen, deren eines Bein beim *Bonerskasten* abgewinkelt ist, deren anderer Fuß bei der *Fisslinsgaß* fest auf dem Boden steht, deren Flügel an den *Himmel* reichen und deren Auge der sogenannte *Luginsland* bildet." Kein Wort davon, daß die Namen im Lauf von mehreren Jahrhunderten entstanden sind und nur eines gemeinsam haben: daß keiner von ihnen irgend etwas mit einem Spatzen zu tun hat.

Schweitzer entdeckt die römischen Vermessungslinien in unserem Land und führt eine Fülle von Flurnamen auf Begriffe der römischen Landmessung zurück. Gustav Schöck sinniert in seiner ironischen Abhandlung über die römischen Romantiker: „Endlich hat man ein Knie, über das man alles brechen kann", ehe er Namen aus dem „Stäble" (dem altwürttembergischen Einsprengsel in vorderösterreichisches Land) auf den Zenturio Stabilo zurückführt und die dortigen Namen von Rommelstal, Remmingsheim und Wolfenhausen auf Romulus, Remus und ihre Nährmutter, die Wölfin.

Sehr stabil muß Hans Bahlows Knie gewesen sein, über das er 1965 „Deutschlands geographische Namenwelt" brach. Keiner der Zehntausende von Namen entgeht der Sumpf-Wasser-Deutung:

„So stehen *hal, hel, hol* im Sinne von ‚Moor, Moder' (dem Wörterbuch unbekannt und der Forschung nicht geläufig) neben idg. *kal, kel, kol*, desgl. *han, hen, hon, hun* [...] neben idg. *kan, ken, kon, kun*, oder *har, her, hor, hur* neben idg. *kar, ker, kor, kur*, oder *harp* neben idg. *karp* [...]"

Gar alle -ingen-Namen sind Sumpfnamen. „Esslingen [...] stellt sich zu Dettlingen, Ettlingen, Möttlingen, Mörslingen, Tuttlingen, Reutlingen, lauter Ableitungen von Wasser-, Moor-, und Sumpfbezeichnungen!" „Ein streng methodisch fundiertes Nachschlagewerk" nennt er selber sein Buch in seinem Vorwort, das er unterzeichnet als „Dr. Hans Bahlow, Univ.-Bibl.-Rat (Lehrbeauftragter für Namenforschung)". Man wundert sich, was Bibliotheksräte alles neben ihrer Arbeit her anstellen können.

Eine Diskussion gegen Andersdenkende endet bei Bahlow: „Angesichts so klarer Tatbestände kann die von Hubschmid u. Krahe aufgestellte Theorie ‚Murg = Grenzbach' [...] nur als tendenziös-grotesk bezeichnet werden! Siehe denselben Unfug unter Antia: Enz."

Und nun beginnt 1982 ein anderer Bibliotheksrat eine Serie von *Ortsnamen-Büchern*, die den hohen Standard württembergischer Namenforschung noch erhöhen. Ich will keine weitere Eule nach Athen tragen, nur resümieren: Reichardts *Ortsnamen-Bände* stellen einen unbeschreiblichen Reichtum wissenschaftlich bearbeiteten Belegmaterials dar. Jeder Artikel ist mit äußerster Akribie verfaßt; jedes Argument geduldig ausgebreitet und mit

Belegen und Vergleichen unterlegt; jede bisherige Deutung eines Namens diskutiert und abwägend die Lösung oder mehrere Lösungsvorschläge vorgetragen. Jeden Band beschließt eine Aufstellung über die verschiedenen Siedlungsnamentypen, eine Tabelle über die Bildungsweisen der Namen, eine Zeittafel ihrer Entstehung.

Im bisher letzten Band über den Ostalbkreis gibt Reichardt Ergänzungen und Korrekturen der früheren, zum Beispiel zum Namen *Kuchen* im Kreis Heidenheim, das er nach neuerer Erkenntnis auf die Schlackenkuchen bei der Eisengewinnung zurückführt. Das untermauert er in einem gründlichen Aufsatz (mit vielen Bildern, Karten und Skizzen) über die alemannische Eisenverhüttung. Überhaupt stellt er öfters einzelne Kapitel aus seinen *Ortsnamen-Büchern* in Fachzeitschriften zur Diskussion. Alte Fragen der württembergischen Ortsnamenforschung nimmt er wieder auf, so diejenige der -ingen-Orte, die Buck im letzten Jahrhundert, Bohnenberger 1927 behandelt hatten. Wie Bohnenberger gibt auch Reichardt sein Können weiter in der Abhandlung von 1984 „Zur Anlage und Herstellung landschaftlicher Namenbücher".

Längst ist allgemeiner Grundsatz, was schon Buck postuliert hat: „Es ist keine Frage, daß wir in Oberdeutschland mit Fug und Glimpf Romanisches und Keltisches zur Vergleichung herbeiziehen dürfen, aber wir müssen darin Maß halten und dem Grundsatze huldigen, einen zweifelhaften Namen so lange für deutsch laufen zu lassen, als er aus dem Deutschen befriedigend erklärt werden kann ..." Dieses Prinzip wird freilich von Bahlow und seinen Nachfolgern auf den Kopf gestellt: Nur was mit Teufels Gewalt nicht einer indogermanischen Namenschicht zuzuordnen ist, darf jünger – keltisch, römisch, germanisch – sein.

Reichardts Rezension über ein derartiges Werk schließt: „Die Deutungen und die daraus gezogenen Schlüsse werden von keinem Philologen ernst genommen werden können."

Seine vornehme Zurückhaltung in seinen Rezensionen kann nicht verletzen, bloß töten. Gegen die Kapf-Systeme: „Ihre wissenschaftliche Wertlosigkeit ist jedem erfahrenen Namenforscher klar." Über drei Abhandlungen zum Namen Eck: „Die behandelten Beiträge ... haben unsere Kenntnis ... nicht erweitert."

Meine Damen und Herren: Zahllose unwissenschaftliche Arbeiten von begeisterten Namenfreunden zeigen die tiefe menschliche Sehnsucht, sich Umwelt und Vorwelt faßbar zu machen. Ihre Anzahl übertrifft diejenige wissenschaftlicher onomatologischer Arbeiten um ein Vielfaches. Nicht immer sind beide Sorten leicht voneinander abzugrenzen. Denn viele der abstrusesten Abhandlungen stammen aus der Feder von promovierten Forschern in wissenschaftlichen Publikationen.

Aber auf deren Schatten strahlt das Licht der Reichardtschen Arbeiten desto leuchtender. So sei meine Blütenlese also gewissermaßen eine laudatio e contrario für Lutz Reichardt!

Literaturverzeichnis

BAHLOW, HANS: Deutschlands geographische Namenwelt. Etymologisches Lexikon der Fluß- und Ortsnamen alteuropäischer Herkunft. Frankfurt a. M. 1965.

BOHNENBERGER, KARL: Über Sammlung der Flurnamen. In: Blätter des Schwäbischen Albvereins 20. 1898, S. 27–30.

BOHNENBERGER, KARL: Die Ortsnamen Württembergs in ihrer Bedeutung für die Siedlungsgeschichte. 2. Auflage. Tübingen 1927.

BUCK, MICHAEL RICHARD: Oberdeutsches Flurnamenbuch. Ein alphabetisch geordneter Handweiser für Freunde deutscher Sprach- und Kulturgeschichte. Bayreuth 1880.

DÖLKER, HELMUT: Die Flurnamen der Stadt Stuttgart in ihrer sprachlichen und siedlungsgeschichtlichen Bedeutung. Stuttgart 1933 (Tübinger germanistische Arbeiten 16).

EHMERT, KARL: Die Orts- und Gelände-Namen im Kreis Nürtingen. Nürtingen 1951.

Instruktion für die Ausführung der Landes-Vermessung im Königreich Württemberg. Stuttgart 1831.

PASSMANN, FRANZ ANTON: Der Durchbruch durch die Völkerwanderung. 2. Teil: Licht in dunkle Vorzeit. Bonn 1972.

SCHÖCK, GUSTAV: Romulus und Remus zwischen Neckar und Gäu. Neue Aspekte zur römisch-germanischen Kontinuität im Spiegel politisch motivierter Namensgebung. In: Redeweisen. Aspekte gesprochener Sprache. Festgabe für Arno Ruoff, herausgegeben von Hermann Bausinger. Tübingen, 1990, S. 191–197.

SCHORP, ERICH: Heimische Flurnamenforschung in neuer Sicht. In: Der Sülchgau. Sülchgauer Altertumsverein Rottenburg am Neckar, Jahresgabe 1959, S. 43–46.

SCHWEITZER, EUGEN: Beiträge zur Erforschung Römischer Limitationsspuren in Südwestdeutschland. Stuttgart 1983.

UNGERICHT, HANSMARTIN: Das Straßenbild der Ulmer Altstadt. Eine Ausstellung der Forschergruppe Stadt und Stätten (FOSS). Ulm 1982.

Rolf Max Kully

Zeitenwende

Wissenschaftliche Arbeit bedingt einen periodischen Perspektivenwechsel: Makroskopie und Mikroskopie sind zwei sich ergänzende Betrachtungsweisen der Forschung. Nur die Vogelschau erlaubt es, einzelne im Gelände verstreuten Phänomene zueinander systematisch in Beziehung zu setzen, und nur die erdverhaftete Froschperspektive ermöglicht es, die tatsächliche Zugehörigkeit eines bestimmten Phänomens zu dem aus weiter Distanz erkannten System zu überprüfen. Vogelschau ohne ständige Kontrolle am Detail bleibt Theorie, und Detailerkenntnis ohne Beziehung zu einem Allgemeineren verkommt zur Anekdote. Zusätzlich gibt es eine dritte Art wissenschaftlicher Betätigung, die ich als Wissenschaftsbetrieb bezeichnen würde. Sie besteht weitgehend in der Umschichtung und Tradierung der momentan anerkannten Ergebnisse, wobei die Berufung auf Autoritäten die eigene intellektuelle Anstrengung ersetzt. Für die Verbreitung der Ergebnisse im Unterricht und bei interessierten Laien ist auch diese Betätigung von großer Bedeutung.
Eigentlich erwartet man von einem Festvortrag zu Ehren eines Gelehrten keine Detailinformationen, sondern einige grundsätzliche und allgemeine Ausführungen zu dem im Zentrum stehenden Fach. Aber was soll man einem Wissenschafter, der das Grundsätzliche beherrscht wie wenige, Allgemeines beibringen, das ihn nicht langweilen müßte? Ich werde mich also entgegen den Erwartungen mit Kleinigkeiten befassen, freilich immer mit einem Blick auf das Größere und in der Gewißheit, daß Sie sich das Grundsätzliche dahinter schon selber ergänzen werden. Der Titel meines Vortrages ist bewußt enigmatisch gehalten. Als ich ihn anmeldete, wußte ich bloß, daß ich mich mit noch offenen Fragen zum Übergang vom Galloromanischen oder, besser gesagt, vom Frühfrankoprovenzalischen zum Alemannischen in einer Ecke der Schweiz unweit der heutigen deutsch-französischen Sprachgrenze befassen würde, aber ich konnte noch nicht absehen, wohin mich die Untersuchungen führen würden. Ich war mir darüber im klaren, daß ich mich mit Namen befassen würde, deren sprachliche Grundlage umstritten ist und deren Behandlung für das im Entstehen begriffene Solothurnische Orts- und Flurnamenbuch sowieso anstand. So

werde mich nun auf fünf Ortsnamen konzentrieren: Flumenthal, Balsthal, Tscheppach, Altreu und Grenchen[1].

Flumenthal

Flumenthal, mundartlich ['flumədaːu] oder ['flʊmmədaːu], ein Dorf von 310 Hektaren, dessen Kirche 410 m ü. M. liegt, zählte a. 1850 346 Einwohner und a. 1996 1044, hat sich also in hundertfünfzig Jahren verdreifacht. Es liegt östlich der Hauptstadt unweit der Mündung des Baches Siggern in die Aare, angeblich in einer Senke, die ein ehemaliges Aarebett sein soll[2]. Diese Angabe stimmt nicht ganz. Die Siedlung breitet sich an einem sanften Hang aus, der sich gegen die Aareauen hinuntersenkt. Nach dem Ausweis älterer Dokumente sowie der noch vorhandenen Feuchtgebiete und des Verlaufs der Gemeindegrenze, die über den Fluß ausgreift, muß dieser früher wirklich einem anderen Lauf gefolgt sein[3], aber das Dorf stand selbstverständlich immer in geschützter erhabener Lage in sicherem Abstand vor Überschwemmungen. Die bereits erwähnte östlich des Dorfes verlaufende *Siggern* bildet ebenfalls eine sehr alte Grenze: sie schied bis zur Abtrennung des Bezirks Leberberg vom Bistum Lausanne im Jahre 1814 die Diözesen Lausanne und Basel, während die Aare diese beiden Diözesen gegenüber dem Bistum Konstanz begrenzte[4].

Der Name wurde bisher aus der modernen Form erklärt. 1948 schrieb der Historiker Erich MEYER in einer Zeitungsfolge über alle Solothurner Ortsnamen 1, Nr. 3: „Ahd. pflûm (neutr.) und mhd. flûme bedeuten Fluß (lat. flumen). In der Nähe fließt ja die Siggern in die Aare", und 1952 bemerkte

[1] Für die Beschaffung des größten Teils der Daten danke ich Dr. Barbara Grossenbacher Künzler und lic. phil. Dagmar Gunn-Hamburger, für die redaktionelle Betreuung lic. phil. Pia Imbach und für die kritische Lektüre lic. phil. Verena Bider.

[2] „Flumenthal und seine Niderungen stehen im alten Bette der Aare, die das rechte Ufer wegspühlend zur linken Seite Grund und Boden abtrat." STROHMEYER, S. 46. – „Das Dorf selbst und seine Niederungen liegen in einem uralten Bette der Aare, die einst, bevor das Dorf seine Entstehung fand, ihre Fluten bis hieher ausbreitete." Anon. Flumenthal. In: SZ 94 (1940), Nr. 232.

[3] „Die Grenze folgt hier einem alten Aarelauf, der noch aktiv gewesen sein muss, als frühe politische Grenzen (bei der Einwanderung der Alamannen?) fixiert wurden." KAUFMANN, H. S. 2.

[4] „Nåchſt dem Dorff Flumenthal bey dem Einfluß der Siggern in die Aaren / kǒnnen in einem Schiff drey Biſchǒff mit einandern Red halten / namblich der von Coſtantz / Baſel vnd Loſannen." HAFFNER, Schaw-Platz 2, 348.

Bruno AMIET im ersten Band seiner *Solothurnischen Geschichte* S. 110 noch knapper: „Flumenthal (Bachtal)". Beide beziehen *flumen* also auf den Bach Siggern. In der Tat lebt lat. *flūmen* in mhd. *phlūm* ,Strom' weiter, aber eine allfällige Anspielung im Namen *Flumenthal* müßte sich meines Erachtens eher auf die Aare als auf die Siggern beziehen.
Nun war Flumenthal die östlichste lausannensische Pfarrei, und die beiden ältesten Nennungen stehen in französisch geprägten Kirchenverzeichnissen aus den Jahren 1228 und 1285.

1228 *In salodorensi decanatu ... Blummenta* [daneben von Hand des 17. Jh.:] *Flummenthal* SUB I 194,23 (A.)[5]
1285 *Curatus de Blomentana VIII ß Bas.* SUB III 103,11[6]

Es ist also nicht rundweg von der Hand zu weisen, daß die Pfarrei vor ihrem aktuellen deutschen einen galloromanischen oder frankoprovenzalischen Namen getragen haben könnte. So wie Albrecht Greule nachgewiesen hat, daß Siedlungen an einer Flußmündung im Bestimmungswort den Namen des kleineren Gewässers tragen, daß also die Stadt Olten am Einlauf der Dünnern in die Aare mit großer Wahrscheinlichkeit den vordeutschen Namen der Dünnern **Olos* bewahre, wird man sich fragen müssen, ob sich im ON *Flumenthal* vielleicht der ältere Name der Siggern, eben beispielsweise *Flumen*, erhalten habe und deshalb aus dem Galloromanischen zu erklären sei. Aber gegen diese Auffassung spricht, daß von seiten der Archäologie außer in der abgelegenen Scharlenmatt, wo eine römische Villa stand, keine gallorömischen Funde aus dem engeren Siedlungsgebiet gehoben wurden[7]. Freilich läßt sich für *Blummenta/Blomentana* keine befriedigende Deutung finden, da sich lat. *flumen* nicht zu frz. *blummen/blomen* entwickeln konnte und da unsers Wissens kein „Wasserwort" **Blom-*/**Blum-* existiert, das zu einem Flußnamen **Blomen* oder **Blummantia* geführt hätte, den man der Siggern oder der Aare als älteren Namen beilegen könnte. Diese Annahme scheitert ebensowohl am Mangel vergleichbarer Wurzeln von Wasserwörtern als auch am Ausbleiben der zweiten Lautverschiebung.
Ich muß aber noch in anderer Richtung ausholen. Im bernischen Mittelland liegen die Dörfer *Murgenthal* (a. 1255, 1316, 1347 ... *Murgatun*, mundartlich *i der Murgete*) und *Langenthal* (a. 861: *in Langatun marca*, mundartlich *z Langetu*), und im Jura bei Moutier/Münster liegt *Sornetan* mit dem deut-

5 ,Im Dekanat Solothurn Blummenta.'
6 ,Der Pfarrer von Blomentana (gibt) 8 Schilling Basler Währung.'
7 E. MÜLLER in: AKS 3 (1983), S. 121. – Hp. SPYCHER und S. FREY-KUPPER: Flumenthal/Scharlenmatt. In: ADKS 4 (1999), S. 48–51.

schen Exonym *Sornetal.* Die beiden erstgenannten wurden von Wilhelm Bruckner als ursprüngliche -dunum-Bildungen angesprochen[8], dem letzteren widerfuhr die gleiche Ehre durch G. Amweg im *HBLS*[9] sowie später durch Stefan Sonderegger im Aufsatz „Die althochdeutsche Schweiz"[10]. Während die beiden ersten wohl unbestritten sind, zuletzt hat sich Albrecht Greule zustimmend geäußert[11], wurde die letztere Verbindung unlängst von Maria Besse[12] in Zweifel gezogen: Sie hält die französische Form *Sornetan* für eine Adaptation der deutschen *Sornetal.*

Die Überzeugung namhafter Onomastiker, daß das Grundwort *-thal* in den Namen der benachbarten Gemeinden Langenthal und Murgenthal anstatt auf das deutsche Appellativ *Tal* auf eine galloromanische *-dunum*-Bildung mit einem Flußnamen als Bestimmungswort zurückzuführen sei, läßt die Annahme, daß auch dem Namen *Flumenthal* eine ältere umgedeutete Form wie etwa **Flumini-dunum* zugrunde liegen könnte, nicht von vornherein als abstrus erscheinen. In die Richtung einer vordeutschen Benennung weisen auch die alten französischen Form *Blummenta* und *Blomentana*, die in keiner Weise an *-tal* anklingen, aber formal dem einen Langenthal-Beleg gleichen. Dann wären die ältesten deutschen Zeugnisse lediglich Adaptationen und volksetymologische Umbildungen der galloromanischen Form. Aber diese lauten wie folgt:

1312 *an den gvtern, Alpvrre, Altliſhouen, Rota, der Balme, Blv̊mendal vnd an allen den gvͤtern, … es ſi enunt Ar old diſvnt Ar older ſwa ſi ſint, die ezwenne waren Hern Rv̊dolfes von der Balme* Kopp 4/1,339 (Nr. 03)

1312 *an der Balme, an dem dorfe ze Blůmental und an allen den guͤtern, dorferen, luͥten, velden, holtzern … hie dishalb der Are* QW I,2 0657

1312 *domina Clara de Palma … vendidit … omne jus quod habebat … in castro Palma Bluomental, ac uniuersis bonis et possessionibus sitis citra dictum fluuium are, … vbi castrum Palma et Bluomental sita sunt, dominio de Palma … pertinentibus* Gfr. 027,306

8 Bruckner, Schweizer Ortsnamenkunde 1945, S. 99.

9 HBLS 6 (1931), S. 452.

10 Sonderegger in: Sprachleben der Schweiz, Bern 1963, S. 52. – Vgl. auch P. Zinsli, Ortsnamen 1975, S. 91, auf den sich die kurze Zusammenfassung stützt.

11 Greule, Zur Bewahrung römischer Siedlungsnamen, S. 101 f. (= Wiederabdruck von Greule, Der Name Olten.)

12 Besse, S. 263: „Die französische Form ist vermutlich aus der deutschen durch Assimilation entstanden."

1312 *fro Clara von der Balme … als irs rechtes, dc ʃie hatte an der Balme, an dem dorfe ze Bluomental vnt an allen den doerfern, lvten vnd gvetern … jenʃid der Are, da div Balme lit* Kopp 4/1,346 (Nr. 07a)

1327 *her Pantaleon kilcherre ze Blůmental, Růdolf und Jacob von Fridowe edelknehte, gebrůder* QW I,2 1364

Die ältesten deutschen Formen *Blv̊mendal, Blůmental* weisen auf alemannische Namengebung mit der Bedeutung ‚Blumental' hin. Freilich ist nicht an eine sentimentale Beziehung der Menschen zu dem Gelände zu denken. Mhd. *bluome* hat unter anderem auch die Bedeutung ‚Graswuchs' oder ‚Nutzung' und selbst ‚Heu' (Id. 5,65 f.). Daneben sind *Pluoma* und *Pluma* aber auch als Frauennamen und *Blumarit* als Männername schon früh (FP 317) und zusätzlich *Bluom* als Familienname seit dem 12. Jh. in Zürich bezeugt[13]. In unserer Gegend taucht der FN freilich erst später auf: 1372 eine *dominica Blůmin* in Seewen (AATh Urb. 1372. 103 v), 1450 *Cristan Blům und ůlly Blůmen erben* in Selzach (ULe 2,141) und 1465 ein *heintz plůmen* in Büsserach (Jzb. Büss II,04). In Flurnamen finden wir 1458 *Blůmen anwander* in Selzach (Urk 1458,07,25) und 1459 *Blumen brunnen* in Bellach (RM ‚rot' 5,42), 1480 *an blůmen matten* in Seewen (JzB Melt 58) und 1491 *Rudi Bluom von ʃewen git von Blůmen gůt* (KAGLA 66 A 13,20 v) usw.
Wie gelangen wir aber von *Bluomen* zu *Flumen*? Diese Form tritt erstmals 1336 auf und ersetzt die ältere sogleich und vollständig.

1336 *Balme die burg und dú dörfer Flumendal, Balma, Guͥnsperg, Niderwile, den kilchensatz ze Flumendal und alluͥs … zwischen der Aruͥ und dem Lebern* SRQ I 303,16–17

1374 *ze flumental* Urk 1374. 04. 15.

1376 *die burg Balm … den kilkenʃatz ze flumental* Urk 1376. 05. 16.

1392 *in flumedal* ZRo St. Urs 291, unpag.

1411 *Item den khilchensatz zue Flumenthal sambt jeglicher irer rechtung, von Petern Schrybern harkhomende* OltUb 009,19 (Urk 011) (1637)

1423 *ein matbletz lit neben dem bach, neben Hent Buocher von Flumendal.* BSU 076

1428 *Wir, diss nachgeschribnen vnd benempten personen Hanns von Tann, kilchher zů Flumental* OltUb 036,29 (Urk 035) (1450)

1439 *peter Schniderʃ von flumendal* Urk vRoll 137

[13] 1187 wird ein Chorherr *Chuonradus Flos* und 1220 werden als Ministerialen *Tres fratres cognomine Flores* genannt (Id. 5,70).

1447 *von Clewis Schabo̊rlis Schweſter des Schniders von flionental*[14] Urk vRoll 154

1555 *Das niemande gemellt wäber handtwerck in den dörffern Flumenthal, Hupperstorff, Niderwyl … trybe* SRQ II 358,09

1666 *Zu dem vndern Ampt vnd Gericht werden gerechnet Flumenthal / die Pfarr / Huberſtorff / Gůnſperg / Niderweil / Cammers Ror vnd Palm.* Haffner Schauplatz 2,348

1796–98 *Flúmenthal* Alt. Carte. SO

1883 *Flumenthal* TAS 113

1982 *Flumenthal* LKS 1107

Die Monophthongierung und Kürzung von /uo/ zu /u/ oder /o/, also *Bluomental* zu *Flumenthal*, hat Parallelen in den ONN *Frutigen* < PN *Fruoto, Chonolfingen* < **Kuon-wolf, Huttwil* vermutlich < *Uoto* (ONB 1,172). Der Verlust des letzten Konsonanten in der frz. Namenform findet sich 1294 und 1296 ebenfalls in deutschen Belegen für *Bellach* und *Selzach*: *ze Selsa, ze Bella und ze Grenchon*[15].
Die Opposition zwischen /b/ und /f/ ist sonst üblicherweise ein Produkt des grammatischen Wechsels. Daneben gibt es aber im Deutschen auch eine Tendenz, den Laut /b/ in Verbindung mit /l/ zu /f/ zu spirantisieren: So stehen nebeneinander *schieben – Schaufel, weben – wiefeln, Wabe – Wefel* ‚Bienenwabe', aber auch *Schwefel – Schwebel, Oblate – Oflate* ‚Hostie' (Id. 1,115 f.)[16]. Wir dürfen also mit einer spontanen phonetischen Veränderung von *Blumental* zu *Flumental* rechnen.
Wir deuten *Flumenthal* als rein deutschen sekundären Siedlungsnamen **Bluomintal* mit der Bedeutung ‚grasreiche Senke'. Weniger überzeugend erscheint uns die ebenfalls mögliche Deutung als ‚Tal der (Frau) Bluoma' oder mit noch geringerer Wahrscheinlichkeit als ‚Tal der Familie Bluom'.

Balsthal

Balsthal, mundartlich [bauʃdu], liegt im sogenannten Thal, früher auch Balsthaler Tal genannt, vor dem Anstieg zum Oberen Hauenstein. Der Gemein-

[14] Die Form *flionental* halte ich für eine Verschreibung.
[15] Kully, Bettle, Söuze, Bäuch, S. 390 u. 392.
[16] von Bahder, Karl, S. 258–265. – Nach Jutz S. 177 handelt es sich um eine bereits urgermanische Differenzierung. – Weitere rechtsrheinische Beispiele für den Ersatz von /b/ durch /f/ bei Birlinger, S. 143 f.

debann umfaßt 1561 ha, das Zentrum liegt 492 m ü. M. Die Bevölkerungszahl hat sich seit a. 1850 verfünffacht. Den ehemals 1077 Einwohnern entsprechen heute 5720. Die früheren Nennungen können sich auf das Dorf oder das gesamte Tal, den heutigen Bezirk Thal, beziehen.

Im Gegensatz zu Flumenthal hat es nicht an Versuchen gefehlt, den Namen Balsthal zu deuten. Schon a. 1666 schreibt der gewesene Stadtschreiber Frantz Haffner in seinem *Klein solothurnischen Schaw-Platz* Bd. 2, S. 354: „alſo bedunckt mich der Warheit ſehr nahe ſeyn / daß das Thal den Namen von diſen Gråfflichen Reſidentz-Hőffen mit Zuſatz deß Wőrtlin Pfaltz empfangen vnd Pfaltzthal / darnach mit außlaſſung deß Buchſtaben F. Paltzthal / entlich corruptè Balſtal genandt worden." Rund hundertfünfzig Jahre später, a. 1819, schreibt der St. Galler Stiftsbibliothekar Ildefons von Arx: „Das lang unwirthliche Thal im Jura nannten sie (die Allemannen) Bal-Thal Balsthal. Denn Bal hieß im Alt-deutschen bös, schlecht"[17], und a. 1896 äußert Julius Studer in den *Schweizer Ortsnamen* die Vermutung: „Balſtal … deutet entweder auf PN. Balthasar hin, abgekürzt Balz, genit. Baldes (Baldo), oder auf mhd. ‚balse, belse' (mentha), Wasserminze."[18] Die letztere Herleitung nimmt Förstemann im Ortsnamenband I, S. 353 auf: „Mhd. ‚balse, wasserminze?'". 1948 schlägt der bereits genannte Erich Meyer vor: 1, Nr. 3: „Möglich wäre eine Herleitung vom Personennamen Bald". Diese Deutung wird von Urs Wiesli übernommen: „von einem alamannischen Personennamen ‚Bald'[19]."

Gründlicher ging mein Vorgänger als Direktor der Zentralbibliothek Hans Sigrist in der Ortsmonographie *Balsthal*[20] ans Werk: „die ältesten überlieferten Namensformen … weisen nun einhellig nicht ein ‚s', sondern ein ‚c' oder ein ‚z' auf … Damit fällt jede Deutung, die ‚Bals' als deutsche Genitivform erklären will, dahin … Das ‚z' schliesst ferner auch die öfters vermutete Ableitung vom althochdeutschen ‚balse' = Wasserminze aus, ebenso die Herleitung vom althochdeutschen Personennamen Baldo, die im Mittelhochdeutschen zu Baldestal hätte führen müssen. … Immerhin findet sich im Keltischen ein Wortstamm ‚Balc' oder ‚Balch', der irgend etwas Grosses, Hervorragendes zu bezeichnen scheint. Ferner gibt es im Altitalienischen, das teilweise ja auch vom Keltischen beeinflusst wurde, ein Wort ‚balza' für Felsen; zudem ist an das bekannte keltische Wort ‚balma'… zu erinnern, das Felsenhöhle bedeutet, so dass der Urstamm ‚bal' offenbar

[17] I. von Arx, Landgrafschaft Buchsgau, S. 23 f.
[18] J. Studer, Schweizer Ortsnamen, S. 59.
[19] Urs Wiesli, Balsthaler Jura, S. 73.
[20] Sigrist, Balsthal S. 9–11.

etwas mit Felsen zu tun hat. Daraus ergäbe sich die ja auch topographisch naheliegende Erklärung, dass Balcetal entweder ‚das grosse Tal' oder ‚das Felsental' bedeuten würde. Da indessen der deutsche Bestandteil ‚thal' offensichtlich jünger ist, wird man zum Schluss geführt, dass der Ort zur keltischen Zeit überhaupt nur ‚Balce' oder ähnlich hiess. Dies würde aufs beste zum archäologischen Befund passen, wonach die älteste keltische Siedlung in der Hauptsache auf der Holzfluh gelegen war. Sie hätte dann ursprünglich einfach ‚die Fluh' oder ‚auf der Fluh' ... geheissen."
Zu diesen Ansichten nehme ich wie folgt Stellung: Das Grundwort **Vallis* ‚Tal' muß – anders als bei Langenthal (BE) und Murgenthal (BE) – ursprünglich sein, wie das Grundwort des ältesten Beleges beweist. Es ist also nicht auf *-dunum* zurückzuführen.

968 K *in Palcivalle Luiperestorf; Mazendorf; ... Oingesingin cum ecclesia*
SUB I 011,09

Es bezog sich im Zeitpunkt der Namengebung nicht auf eine Siedlung, sondern auf das Dünnerntal und vielleicht auf seine von Limmern- und Augstbach gebildete östliche Fortsetzung[21]. Wir haben es also nicht mit einem genuinen ON, sondern mit einem Großgeländenamen, einem sogenannten Makrotoponym, zu tun, das später auf den dort entstehenden Ort übertragen wurde. Ob das Namenkompositum mit dem Grundwort **vallis* in voralemannische Zeit zurückreicht, lassen wir für den Augenblick dahingestellt. Es stellt sich die Frage, ob der Name von deutsch- oder anderssprachigen Menschen gegeben wurde, ob also die älteste lateinische Form aus dem Deutschen übersetzt oder die später bezeugten deutschen Formen aus dem Lateinischen übernommen seien. Abweichend von unserem Grundsatz, immer zuerst eine deutsche Erklärung zu finden, werden wir diesmal an SIGRISTS Ausführungen anknüpfen.
Seine Erwägungen können nämlich weitgehend linguistisch gestützt werden. Freilich wäre es außergewöhnlich, wenn sich der Name der bronzezeitlichen Niederlassung auf der Holzfluh erhalten hätte. Nach unseren bisherigen Befunden reichen zwar zahlreiche Gewässernamen, jedoch kaum Siedlungsnamen in keltische und schon gar nicht in vorkeltische Zeit zurück. Der sprachliche Vorläufer des Namens *Balsthal* kann also nicht älter als galloromanisch sein.

[21] Das Faksimile in SUB I, nach S. 10, zeigt hinter Palcivalle keinen hochgestellten Punkt wie nach Luiperestorf, jedoch (entgegen der Ausgabe) auch nicht nach Mazendorf.

Der Obere Hauenstein war in römischer und spätrömischer Zeit eine der wichtigsten Nord-Süd-Verbindungen und verband die helvetische Hauptstadt Aventicum mit Augusta Raurica und letztlich den rheinischen Städten. Nach Ausweis der zahlreichen vordeutschen Flur- und Ortsnamen, die den teilweise noch heute erhaltenen Paß und seine Zufahrtsstraße von Oensingen her säumen, muß sich das romanische Element hier lange gehalten haben. So müssen wir auch im Falle von Balsthal mit einem Lehnnamen oder zumindest mit einem Lehnelement rechnen. Freilich dürfen die französischen und italienischen Wörter nicht einfach mit einem zufällig anklingenden deutschen gleichgesetzt werden.

Um SIGRISTS Theorie zu stützen, gehen wir von lat. *balteus* ‚Wehrgehenk, Gürtel' aus, einem Appellativ, das in mehreren romanischen Folgesprachen zahlreiche neue Bedeutungen entwickelt hat, die in irgendeiner Weise an einen Leibriemen erinnern. Dazu gehören etwa Bedeutungen wie ‚Garbe', aber besonders häufig ‚Felsband' oder wohl eher ‚Grasband am Felsen' und davon abgeleitet auch ‚Felsvorsprung, Absturz'. Im Italienischen erscheint das Wort als *balza*, im Provenzalischen als *bauso*: der bekannteste Namensträger ist die südfranzösische Bergfestung *Les Baux*[22]. Im Galloromanischen müßte es nach dem Fall des auslautenden Konsonanten **balteu* und nach der Abschwächung des Schlußvokals **balte* gelautet haben[23]. Als hypothetische Entwicklung könnte man also postulieren: **Balteu* hätte in der Sprache der Galloromanen nicht die Siedlung auf der Holzfluh und auch nicht einen der drei römischen Gutshöfe[24] im Gemeindegebiet bezeichnet. Vielmehr wären damit die Felsen, die die römische Paßstraße säumten, bezeichnet worden, und der Name hätte sich also zuerst auf die Wegstrecke von der Klus bis zur Steigung gegen Holderbank bezogen. Die Alemannen kannten und benutzten den Paß sicher schon im 6. Jh., so daß das /t/ von **balte* noch zu /ts/ hätte verschoben werden können. Da ihnen das Wort **baltse* aber nichts sagte, hätten sie es als Namen aufgefaßt und ihm aus eigener Anschauung die Erweiterung *Tal* gegeben: **Baltsetal*.

Aus alemannischer Zeit sind Gräberfelder im heutigen Ort Balsthal nachgewiesen. Die bestehende Siedlung geht also auf eine alemannische Gründung zurück, auf die nun der ältere Talname **Balcetal* übertragen worden wäre. In karolingischer Zeit wäre diese deutsche Form zu *Palcivalle* latinisiert worden, indem man das Grundwort übersetzte und das nun auch auf

22 Vgl. auch HUBSCHMID, Auffällige Übertragungen, S. 86.
23 Vgl. BOURCIEZ, Phonétique française, §§ 13, 14, 141, 200.
24 SIGRIST, Balsthal, S. 22–24.

lateinischer Seite unverstandene Bestimmungswort unangetastet ließ. Aber, und nun kommt das große Aber: Daß *Palcivalle* keine genuin romanische Bildung sein kann, geht aus der Wortstellung hervor, da das Bestimmungswort nach deutscher Regel an erster Stelle erscheint. Auch ist die Komposition zweier Appellative in der lateinischen Namengebung durchaus ungebräuchlich[25]. Dazu kommt, und das ist nun das entscheidende Argument, daß das *Glossaire des Patois de la Suisse Romande* in der Schweiz keine Fortsetzung von lat. *balteus* verzeichnet: Das Wort existierte in unserer Gegend einfach nicht. Deshalb muß die Annahme, daß es dem Namen *Balsthal* zu Grunde liegen könnte, abgelehnt werden.

Da sich die Herleitung aus dem Galloromanischen nicht halten läßt, wird man zu dem deutschen Grundwort *-tal* als Bestimmungswort einen altalemannischen Personennamen einsetzen müssen. Die alte Schreibung mit *c* läßt sich nur als ursprüngliche Affrikate /ts/ deuten (Mhd. Gr., § 108), und die Rückführung auf ahd. *balse* fällt somit dahin.

Als erstes Element wird man einen PN des Stamms **Bald* zu **Balþa- (FP,* Sp. 235 ff. und *Erg.* KAUFMANNS*)* ‚tapfer, kühn' ansetzen. Neben Vollnamen wie *Baldheri, Balderich, Baltram, Baldolt* (vgl. BOESCH, S. 77) gab es eingliedrige Kurzformen wie *Baldo* oder mit affektiver Affrizierung *Baltso*[26], und solche Kurzformen sind zusammen mit den Vollnamen, zu denen sie gehören, auch belegt: SOCIN (S. 192) verzeichnet zum Jahr 964 (nach FP ²237) einen *Baldwinus cognomento Baldzo* ‚Baldwin mit dem Beinamen Baldzo' und zu 973 (nach GRIMMS *Deutscher Grammatik* ²1238) einen *Balduinus qui et Balzo* ‚Baldwin, der auch Balzo (genannt wird)'. Diese Kurz- oder Koseformen werden meistens schwach flektiert, wir dürften also als älteste deutsche Form **Baltsintal* und als Latinisierung eigentlich **Baltsoni(s)valle* erwarten. Wenn wir hingegen vom reinen Stamm **Bald* ausgehen, könnte sich bei starker Flexion deutsch **Baldestal* und lat. **Baldisvalle* ergeben. Aber die Kurznamen können als Bestimmungswörter in Siedlungsnamen auch unflektiert mit einem Grundwort kombiniert werden, und die Qualität des Fugenvokals schwankt laut GRÖGER, § 145, am stärksten in den ältesten Belegen. Es läßt sich also nicht mit letzter Bestimmtheit sagen, ob wir als Ausgangsform einen starken Genitiv **Baldestal,* ein unflektiertes **Baltsotal* > **Baltsetal* [Baltsətal]> **Baltsital* oder *Baltsintal* > *Baltsital* oder einen schwachen Genitiv **Baltsintal* > **Baltsital* voraussetzen dürfen. Im ersteren Fall müßte sich der Endungsvokal früh reduziert haben,

[25] Für Auskünfte und Korrekturen zum vorangehenden Abschnitt danke ich Wulf MÜLLER vom GPSR.

[26] Vgl. KAUFMANN, Zum westfränkisch-romanischen s-Suffix. In: Rufnamen, S. 312.

so daß der Urkundenschreiber, der auch den deutschen Anfangskonsonanten /b/ als stimmlos empfand und deshalb als ,p' wiedergab, zu dem vermeintlichen Stamm **Palts* einen lat. Genitiv **Paltsi*, geschrieben *Palci*, bildete, im andern Fall müssen wir annehmen, daß sich der Fugenvokal zuerst zu einem tonlosen /ə/ abgeschwächt und dann in der unbetonten Mittelsilbe zu /i/ gehoben hätte. Die dritte Möglichkeit setzt voraus, daß das auslautende *-n* früh geschwunden wäre[27]. In den beiden letztgenannten Fällen hat der Schreiber das Bestimmungswort tale quale übernommen und lediglich das Grundwort übersetzt.

An Parallelen, ebenfalls ohne Umlaut, finden wir bei FO 1,346 die jüngeren ONN: *Palzinga* (a. 807), *Palzinishofen* (a. 1176) – Sp. 344: *Balzheim < Baldisheim*, *Balzhausen < Baldeshusin*, ferner bei REICHARDT, *Esslingen*, S. 17, *Balzholz* mit den alten Formen a. 1298: *Balzholz* und a. 1304–1316 *Balsholz*, ebenso bei PITZ aus dem deutsch-französischen Grenzgebiet *Badonviller* (13. Jh. *Baldeswilre*, 1394 *Balzwiler*).

Wie bereits ausgeführt, galt dieser Name beim Einsetzen der Belege für das ganze Dünnerntal vom Ursprung bis zur Klus sowie wohl auch für seine östliche Fortsetzung. Das wird bedeuten, daß sich in ihm der Name des Talherrn, also wohl eher eines fränkischen als alemannischen Adligen, perpetuiert.

1270 K *vltra montem qui vulgo dicitur Howenſtein a cast*^{ro} *dco Goͤzzichon ſurſum verſus Solodorum cum valle balztal* KaPred Urk 84; SUB II 178,11,

ca 1300 K *Item omnes gentes qui sunt domini episcopi et ecclesie Basiliensis in valle dicta Balstal et in valle Buchszgoͤwe* TEB III,011 (K 15. Jh.)

1315 *die burg alte valkeſtein genant zer Clus mit dem Stettli ... vnd was wir Jm Balſtal lut vnd gůt hant* FRB IV Urk 624

ca 1330 K *habent in feodo ab ecclesia Basiliensi Twing vnd Banne in valle Balstal et Jus patronatus ecclesie in Balstal.* TEB III,400 (K 15. Jh.)

1342 *daz wir graf Johans von froberg ... hein verlihen ... luͥte vnd gůt in dem tal ze Balztal ... die kilkenſetze ze Muͥmliſwile vnd ze matzendorf vnd den leuen zehenden in dem tal ze Balztal vnd ze Buchsgoͮw* Urk. 1342.10.03.

[27] In der Diskussion und anschließend brieflich (15.12.1999) erwähnte Robert SCHUH die Möglichkeit, daß die Lautverbindung /lts/ umlauthindernd gewirkt haben könnte, „so daß also doch von einem Genitivmorphem *-in* ausgegangen werden dürfte, wobei der *n*-Ausfall zur Zeit Ihres Erstbeleges m. E. kein Problem darstellte". – Zur Umlautverhinderung durch /l/+ Kons. vgl. BRAUNE, Ahd. Gr. § 27,2.

Schon früh spezialisierte sich der Name auf das abseits der Dünnern liegende Dorf, was dann ab 1270 zu tautologischen Bildungen führen konnte, wenn das Tal gemeint war.

1226 *in Balcetal una hoba, quam Hugo conversus contulit ecclesie* SUB I 184,27.

vor 1255 *viceplebanus de Balztal* SUB II 067,05.

1299 *Richina dicta de Balztal, commorans in Rinvelden, vendidit, tradidit et donavit* BLUB 0144,24

1303 K *Rodolfus de Bechburg ... hat in gemeinschaft genommen herrn Tiebolt von Hasenburg, diser nach geschribner lehen, so er von der Stifft het ze lehen, den hoff zu Balstall, vnd ander gutere, mit lúten die er ze lehen hat* TEB III,684 (K 16. Jh.)

1441 *Item Rector in Balstal* TEB V, 42

1452 *Agnes Kůncz Wiseners von Ziefen tochter Heyne Finningers von Balstal ewirtin ... Adelheit ůllis Grauen tochter Kuͤntz Huͤliebers von Balstal ewirtin* BSUB VII 482,12 f.

1999 *Bauschtler Ostereier ... Die in schönstem „Balsthaler Blau" gefärbten Eier ... lösten spontane Freude aus* NMZ 1999. 04. 07. S. 25

1999 *Bauschtu hed nid numme s Chrüz und s Rössli* NMZ 1999. 08. 25. S. 17.

Die Form *Balztal* blieb in Geltung, bis in der zweiten Hälfte des 14. Jh. die Erleichterung der Dreierkonsonanz /tst/ durch Ausfall des ersten /t/ einsetzte[28]. In der heutigen Mundartform ['bauʃdu] ist sowohl das /l/ vor Konsonant als auch das auslautende /l/ vokalisiert, /s/ wandelt sich vor /t/ lautgesetzlich zu /ʃ/.

Tscheppach

Tscheppach, mundartlich [ʃæp:əx], ist ein kleines Dorf im Bezirk Bucheggberg. Es liegt 548 m ü. M. und umfaßt 183 ha. Seine Bewohnerzahl ist seit a. 1850 von 212 auf 172 geschrumpft. Der Name ist leider erst sehr spät überliefert.

Im Jahr 1936 erschien der wegweisende Aufsatz von Wilhelm BRUCKNER, „Die Bedeutung der Ortsnamen für die Erkenntnis alter Sprach- und Sied-

[28] Vgl. dazu auch 1456,11,15: *keſtenhols*

lungsgrenzen in der Westschweiz", in dem er ausführt: „Man könnte vielleicht vermuten, daß solche Formen auf *ach* noch später, nachdem die Lautverschiebung schon vollzogen gewesen, entstanden sein könnten nach dem Vorbild anderer ... Dafür könnte vielleicht der eigenartige Name *Tscheppach* für das solothurnische Dorf auf dem Bucheggberg angeführt werden, der im Anlaut schon afranz. *tsch* aufzuweisen scheint (aus Cappiacus?)."[29] Der berühmte Walther VON WARTBURG führte in seiner Besprechung des Brucknerschen Aufsatzes[30] *Tscheppach* nach J. U. HUBSCHMIED auf lateinisch *cippus* und die Ableitung *-acu* zurück[31]. Erich MEYER 1 (1948), Nr. 2 stützt sich auf BRUCKNER, wenn er schreibt: „Wohl von *,fundus Cappiacus' (Boden des Cappius). Da sich im Altfranz. ca zu tscha entwickelte (im Anfang des 2. Jahrtausends), ist anzunehmen, daß hier noch lange französisch gesprochen wurde". Bruno AMIET jedoch greift in der *Solothurnischen Geschichte* S. 77 auf VON WARTBURG zurück: „im Dorfe Hessigkofen und in Tscheppach im ,Krautmühlefeld' römische Landhäuser. Der Ortsnamen ,Tscheppach' wird von lateinisch ,cippus' (= Spitzsäule) abgeleitet und wäre allein schon ein Zeuge einer römischen Siedlung an Ort und Stelle. Die jetzige Namensform ist zudem ein Beweis, daß die Leute daselbst noch tief ins Frühmittelalter hinein romanisch gesprochen haben." Ihm folgt Urs WIESLI, *Geographie* (1969), S. 129: „von cippus = Spitzsäule". Peter GLATTHARD nimmt in seinen *Ortsnamen zwischen Aare und Saane* 1977, S. 59, BRUCKNERS Deutung auf, indem er ihren problematischen Ansatz in ihre eigentliche Tugend ummünzt: „Wie fein Bruckner den Lautstand der Namen beobachtete, zeigen die Überlegungen, die er für den galloromanischen Solothurner Ortsnamen *Tscheppach* aus **Cappiâcum* anstellte. Es fällt die verschiedenartige Wiedergabe von lat. *c* im selben Worte auf: im Anlaut mit dem afrz. Quetschlaut, während im Suffix ausl. eine lautverschobene Form -ach erscheint. Dieser lautchronologische Anachronismus ist nicht leicht zu erklären. Der durch roman. Lautentwicklung entstandene Quetschlaut wurde von den Alemannen relativ spät (nach dem 8. Jahrhundert) übernommen, zu einer Zeit, wo die zweite Lautverschiebung für den Guttural jedenfalls abgeschlossen war. Für das Suffix *-âcum > -ach* nahm Bruckner an, diese scheinbar lautverschobene Form sei erst nach der Lautverschiebung als *nacheinlautende Analogieform* (sic!)

[29] BRUCKNER in: Vox Romanica 1 (1936), S. 260, Anm. 4.

[30] Zeitschrift für romanische Philologie 59 (1939), S. 408.

[31] Hubschmied (1933), S. 259 f. postuliert ein keltisches **tsukko-* ,Stock', das ins Romanische als lat. *cippus* übersetzt und zu einem Kolletiv **cippetum* erweitert worden sei. „Et à l'époque romaine, des Gaulois bilingues ont créé, toujours pour la même idée, un **cippacum*, qui s'est maintenu dans le nom d'un village du canton de Soleure: *Tscheppach*."

zu anderen -âcum-Suffixen entwickelt worden. Bei der siedlungsgeschichtlichen Beurteilung des Namens wäre also nicht die lautverschobene Suffixlautung -ach maßgebend, sondern der unverschobene Anlaut. Man wird dieser These zustimmen dürfen." Auch der Bucheggberger Lokalhistoriker Peter LÄTT hält sich an die letztere Auffassung, „Bucheggberg" (1992), S. 59: „Relativ spät aus dem Romanischen ins Alamannische übernommene Namenform, zusammengesetzt aus einem PN und der gallorömischen Nachsilbe -âkos, lateinisch -âcum. Rekonstruierte Ausgangsform Cappi-acum, PN Cappius." Es liegen also zwei Deutungen vor: Die eine postuliert ein Kompositum aus einem Personennamen und dem Element -acum, die andere eine Ableitung von einem Kollektivappellativ *cippetum* mit der Bedeutung ‚Stöcken, Stocken'.
Bevor ich dazu Stellung nehme, müssen wir eine Auswahl aus den Belegen ansehen:

1368 K	*die Twinge vnd Benne ze Snŏtwile, ... ze Múlidorff, ze Schepach, ze Ysenhartzwile* TEB IV,254 (K 15. Jh.)
1392	*in Scheppach* ZRo St. Urs 291, unpag.
1393	*(Z:) v̊lli am Reine von Scheppach* Urk 1393. 09. 28.
1400	*Jm Scheppach* Jzb St. Urs Nr. 4, Bd. a, 52v (3.pag)
1411	*de bonis in Scheppach* Jzb St. Urs, 4v
1440	*Scheppbach* U St. Urs 88, 75
1444	*ze ſcheppach* ZRo v. Spberg 1, 48
1450	*ze tſcheppach* ZRo v. Spberg 2, 42
1467	*ſchepbach* BZRo v. Spberg, 47
1535	*Zwo Jucherten heist der wid acher, ſtoſt hinder an waliſpach, wider tſchåppach* U SSol, 143v
1635	*ein gut mad ... neben Bendict ſtuber zu tſchepach* U Franz 72 (unpag. Nachtrag)
1658	*Ein Kleine Jucharten Zu Schäppach* PfrU Aetg/Lüss, 12
1675	*Schäppach* SchlaRo Buch 1675, 161
1796–98	*Tſäpach* Alt. Carte. SO
1825	*Dic Sage Matt ſamt gebäuden und Garten. Morgen Neben der Stras auf Schäppach ... Mitternacht an den Schwarz Bach* GB lch 24
1879	*Tscheppach* TAS 128
1976	*Tscheppach* LKS 1127

Das prothetische /t/ im Anlaut ist jung. Es tritt in unserem Material erstmals 1450 auf. Daneben hält sich die alte Form ohne Dentalokklusive schriftlich

bis 1825 und mündlich bis heute. Eine Rückführung auf ein lateinisches *c* mit Lautwert /k/ ist deshalb auszuschließen. Die sogenannte „Verhärtung" ist jedoch ein häufig zu beobachtendendes Phänomen. Es stehen nebeneinander: *schättere – tschättere* ‚scheppern›, *Schugger – Tschugger* ‚Polizist', der Übergang von *Scheppach* > *Tʃcheppach* kann also spontan erfolgt sein, und es muß sich nicht unbedingt um die Agglutination einer Präposition handeln. Die mdal. Lautung schließt ebenfalls eine Rückführung auf ein vor /a/ gesenktes /i/ sowie einen Primärumlaut aus, beide hätten in der modernen Mda. zu /e/ geführt. Vielmehr muß ein vorahd. oder ahd. /ɛ/ zugrunde liegen, das sich in unserer Mundart zu [æ] öffnet.
Aber auch die HUBSCHMID/VON WARTBURGSCHE Herleitung von *cippus* muß abgelehnt werden, da lateinisch [ki-] im Französischen zu [si-][32] und im Frankoprovenzalischen zu [tsi-], aber nicht zu [tʃɛ-] wird. Auch wenn wir nach dem Übergang zum Deutschen mit einem a-Umlaut rechnen würden, der das /i/ des Bestimmungswortes über /e/ zu /æ/ gesenkt hätte, bliebe immer noch der Einwand des Anlauts bestehen.
Ich halte den kleinen Ort nicht für eine galloromanische, sondern für eine alemannische Siedlung, die in ihrem Namen einen alten Gewässernamen *Scheppach* < **Scheggbach* < *schägg* ‚schief, krumm, gebogen' (Id. 8,419), mhd. *schiec* ‚schief, verkehrt' weiterführt[33]. Schön wäre es natürlich, wenn der Bach noch immer diesen Namen trüge. Aber er heißt oberhalb des Dorfes, von Hessigkofen aus dem Moos herfließend, *Möslibach* und unterhalb des Dorfes *Schäppechbach*.[34] Daß Ortsnamen alte Gewässernamen bewahren, während das Gewässer selber einen neuen Namen erhält, ist ein verbreiteter Vorgang: wir finden seine Ergebnisse auch in den Namen der solothurnischen Siedlungen *Erlinsbach* (am Erzbach), *Fulenbach* (am Dorfbach), *Luterbach* (am Dorfbach), *Gretzenbach* (am Bach oder allenfalls Weidbach)[35], *Rickenbach* (am Wildenbach)[36] und *Trimbach* (am Dorfbach)[37]. Neu ist also auch *Tscheppach* dieser Gruppe zuzurechnen. Daß meine Deutung zutreffen dürfte, ergibt sich aus dem Gewässernamen *Tschepach*

[32] Bourciez, § 114.

[33] Nach Abschluß der Untersuchung stieß ich im Id. 4,952 auf den Eintrag: „*Tschättenbach* BE (hieher wohl auch der *Tschäppach* B, *Tscheppach* S, aus *Tschätt-B.*)". Damit wäre das Geräusch und nicht der Lauf des Baches Ausgangspunkt der Benennung. Diese Deutung ist angesichts der sanften Geländeformen unwahrscheinlich.

[34] Mündliche Auskunft von Peter LÄTT, 1999.11.16

[35] JÄGGI, A.: Gretzenbach, S. 22.

[36] KOPP, P. J., S. 110: „Von unserem Dorfbach ist zu sagen ... Aber bei Wassergrößen macht er seinem angestammten Namen ‚Wildenbach' alle Ehre."

[37] KOCHER, Fulenbach, S. 11.

(Koord. 631/244), einem kleinen Nebenbach zur Eya im Gemeindegebiet von Wangen bei Olten und aus dem Waldnamen *Tscheppach-Ischlag* (Koord. 605/225) in den Gemeinden Lüsslingen und Biberist, der laut Aussage meines Bucheggberger Gewährsmannes Peter LÄTT sicher nichts mit dem Ort Tscheppach zu tun hat, und folglich wohl den früheren Namen des seit 1508 belegten *Bärenbachs* tradiert[38].
Zur Assimilation von /kb/ > /p:/ vergleiche man die älteren Belege für den *Ruppen*, einen Felsen in der Gemeinde Kienberg, sowie für zwei Lokalitäten gleichen Namens in den Kantonen Sankt Gallen und Zürich[39]:

1337	*durch das Rot holtz Jn Rug bein Jn dem bůchinen ſtock* Urk. 1337,11,17
nach 1351	*von Geiß flů durch den Neſſel graben in Ruggbein, item von Rugbein in Wachſenflů* AGRQ 2,2 152,33
1394	*durch das Rotholtz Jn Rogbein Jn den Bůchinen ſtock* Urk. 1394,11,12
1428,07,12	*den bach uff fúr Egliswil, und des uf untz uff Ruppen* SRQ I 422,11
1535	*von Geißfluo durch den Neßelgraben in Rugbein, von Rugbein in Wachßlenfluo* AGRQ 2,2 175,19
1637 K	*den bach vf fúr Eglisßwyl, vnd vf vntz vf Ruppen* OltUb 034,38 (1427,05,07)
14. Jh.	*designavit decimam suam in Honegg, sitam in monte, qui dicitur Ruggebain* SGUB 3,835 (Trogen AR und Altstätten SG / Honegg: Gem. Oberegg AI)
1304	*item possessionum ... ze Rugben* SGUB 3,337 (Ruppen, Gemeinde Sitzberg ZH)

Das solothurnische *Tscheppach* ist übrigens nicht die einzige Siedlung dieses Namens. Ein *Scheppach* liegt zwischen Ulm und Augsburg und ein zweites östlich von Heidelberg unweit von Öhringen.

[38] B. GROSSENBACHER KÜNZLER, Wasseramt, S. 89 f.
[39] Vgl. ferner SONDEREGGER, Appenzell, S. 361: *Ruppen < Ruggebein, Bruppacher* FN < **Bruggbacher*.

Altreu

Altreu an der Aare, mundartlich [ˈautri]/[ˈautry:] oder [ˈaltry:], heute ein zu der Gemeinde Selzach gehöriger Weiler, geht auf einen spätrömischen Brückenkopf zurück. Das ehemalige Städtchen wurde a. 1375/76 durch die sogenannten Gugler[40] zerstört und hat sich nie mehr richtig erholt. Leider hat auch die Aare Teile der ehemaligen Siedlung abgetragen und weggeschwemmt. Wir verfügen über einen guten Bestand an Namenbelegen.

1279	*Nos Bertoldus dominus de Altrua et Henricus frater meus ... Bertoldi domini de Altrua ... Bertoldus de Stracenber (!) et dominus de Altrůwa et Henricus frater meus* SUB III 016,27; 017,10 u. 18 f.
1285	*Iohannes de Altrúwa* SUB III 100,12
1292	*Actum et datum in Altruwa anno domini* SUB III 201,23
1294	*Cůnradus de Arberg advocatus nunc in Altrvwa* SUB III 227,07
1294	*Iacobus et Nicolaus dicti Sculteti de Altrvwa* SUB III 229,36
1295	*Nicolao dicto Burgere de Altrvwa ... Actum Altrvwa* SUB III 239,32 u. 240,09
1295	*Cůnradus de Arberg, nunc advocatus in Altrvwa* SUB III 240,04
1336	*ůlrich, der vogt von Altrúwe* FRB 6,298
1343	*vogt ze Altrúw* QW I,3/1 0472a
1376	*Mathis von Altruwe, ... burgere ze Solotern* AGUB 10,147
1377	*unser stat zu Altruw, Selsach daz dorf* Urk. 1377. 01. 08
1389	*waz gen Altruwe und gen Selsach und in das selbe ampt gehoͤret* Urk. 1389. 07. 01
1403	*Búrkli von Altrúwe* Urk. Thun 417
1443	*Ze Altrúwe / von Altrúw* ULe,[5v]
vor 1450	*Blůmen von Altruw gent 10 ß, huͤnr und eyer von 1 schůppossen, ze Betlach gelegen* ULe 1,002
1651	*Zúe Altreÿ ... Zúe bemeltem altreüw* Gülten, 533r
1654	*Zú Altreüw* Gülten, 398r
1796–98	*altrei* Alt. Carte. SO
1889	*Landwirthe. ... Amiet, Franz, Altreu-Selzach* Adressbuch KtSO 079
1976	*Altreu* LKS 1126

40 Eine englische Söldnertruppe unter Ingelram von Coucy, der Erbansprüche von seiten der Mutter mit Gewalt durchzusetzen versuchte. Beatrix LANG, Der Guglerkrieg. Ein Kapitel Dynastengeschichte im Vorfeld des Sempacherkrieges. Freiburg, Schweiz: Universitätsverlag, 1982.

Eine deutsche Grundlage läßt sich nicht konstruieren. Hier liegt uns in der Tat ein galloromanischer Name vor. Peter STROHMEIER, der Verfasser des Werks *Der Kanton Solothurn, historisch, geographisch, statistisch geschildert*, St. Gallen und Bern 1836, schreibt im Kapitel über die römischen Altertümer: „Auf der Allmend bei Altreu erkennt man an der Erhöhung des Bodens und an ausgegrabenem Pflaster jene Straße, die von Aventicum nach Solothurn herunter geführt haben soll. Bei Altreu (alta riva) führte sie über die Brücke ans rechte Aarufer. Noch führt sie den Namen Heidenstraße." 1921 schlug F. EGGENSCHWILER im HBLS 1, (1921), S. 301, vor: „Name vorgermanischen Ursprungs: lat. alta ruga = hohe Straße." In den fünfziger Jahren schreibt der schon mehrfach erwähnte Bruno AMIET Bd. 1, S. 78: „Das römische Altreu, dessen Name als Altus Rivus ‚Großer Strom', sicher lateinisch gedeutet wird, harrt noch der Ausgrabung". 1972 griff Ambros KOCHER in seinem Buch über Selzach auf das HBLS zurück: „Der Name *‚Altreu'*, was eine Verschreibung für richtig ‚Altri' bedeutet, geht auf alte Zeiten zurück. Die immer wieder geäußerte Erklärung mit ‚Alta Ripa' läßt sich nicht aufrechterhalten. Der Schluß der Entwicklung müßte bei ‚Altriff' liegen ... Die endgültige Schreibweise ‚Altreu' kommt aus dem 19. Jahrhundert. Dem Namen liegt offenbar das lateinische *Ruga* zugrunde, was Runzel, Straße heißt. Dies entspricht dem westschweizerischen Rue (Rüa), Chemin bordé oder Feldweg bedeutend. Alta-Ruga heißt zu deutsch Hochgesträß, Hochstriß, Hochstraße usw."[41] Weitere Deutungen des Namens sind mir nicht bekannt.

Es liegen drei Vorschläge auf dem Tisch: *alta riva, altus rivus, alta ruga*. Der erste krankt entweder an seiner mangelhaften Latinität oder an einem Druckfehler. Anstelle des unlateinischen *riva* müßten wir *ripa* ansetzen, das im Frankoprovenzalischen zu *rive* wird. Leider liegt für Altreu kein frankoprovenzalisches Exonym vor, aber dennoch ist die Entwicklung klar. Nach dem Ausweis der Westschweizer Orte *Hauterive*, deutsch *Altenryf*, und *Hauteville*, deutsch *Altenfüllen*, müßten wir als Entsprechung für lat. *alta ripa* nicht *Altreu*, sondern **Altenrif* erwarten. Ist der Strohmeiersche Vorschlag aus lautlichen Gründen als Ausgangsbasis abzulehnen, so der Amietsche *altus rivus* aus semantischen. Lateinisch *rivus* wird zwar im Französischen der Westschweiz zu *Ru*, aber es bedeutet ‚Bach' und nicht ‚Fluß' oder ‚Strom', während die Aare spätestens seit ihrem Austritt aus dem Brienzersee nicht mehr als Bach bezeichnet werden kann. Also dürfte die Herleitung von lateinisch *ruga* ins Ziel treffen. Das etymologisch nicht völlig

[41] KOCHER, Selzach, S. 11 f.

durchsichtige Wort[42], das ursprünglich ‚Runzel', dann aber auch ‚erhöhte Kleiderfalte' bedeutete[43] und später auf einen von Häusern gesäumten Weg übertragen wurde, setzt sich im modernen französischen *rue* ‚Gasse' fort. Das inlautende /g/ ist nach /u/ lautgesetzlich geschwunden[44], und wenn wir aufgerufen würden, ein französisches Exonym für *Altreu* vorzuschlagen, könnte es wohl nicht anders lauten als **Hauterue*. Laut Du Cange[45] ist die Prägung *Alta ruga* im Mittellateinischen zwar nicht bezeugt, wohl aber das Synonym *Via alta*, das er gleichsetzt mit *Via Generalis, Publica* oder *Regia*. Mhd. *Altriuwe* mit dem halbvokalischen Gleitlaut /w/ zwischen den zwei Vokalen muß auf ein bereits palatalisiertes frankoprovenzalisches *Altrüa* zurückgehen und hat den Sinn von ‚Hochstraß'. Natürlich ist das moderne *Altreu* nicht eine Verschreibung für *Altri*, wie Kocher meint, sondern die regelrechte hochdeutsche Diphthongierung des älteren *Altrü*, während das in der engsten Umgebung verwendete *Autri* neben der Vokalisierung des /l/ vor Konsonant ein Relikt der ehemals in der Gegend verbreiteten dialektalen Entrundung des /y/ zu /i/ zeigt. Auch diese Entrundung erscheint in den Belegen von 1651 und 1796 als *Altreÿ* und *altrei* diphthongiert.
Von vier Namen, die bisher alle als vordeutsch galten, hat sich nur ein einziger auf eine galloromanische Grundlage zurückführen lassen. Dieser Weiler Altreu liegt in einem Gebiet, in dem mit den Ortsnamen Grenchen, Bettlach, Selzach, Bellach, Solothurn eine galloromanische Besiedlung nicht nur nachgewiesen ist, sondern in dem das Idiom auch über Landnahme der Alemannen hinaus noch längere Zeit in täglichem Gebrauch geblieben sein muß.
Die Erkenntnisse zu den bisher behandelten Ortsnamen sind neu und wurden hier erstmals vorgetragen. Auf das folgende Beispiel bin ich 1997 schon in Leipzig eingegangen, ich benutze die Gelegenheit, die Ergebnisse noch etwas klarer herauszustellen.

Grenchen/Granges[46]

Die heutige Industriestadt Grenchen, frz. Granges, im Bezirk Lebern, bis um Mitte des 19. Jahrhunderts ein großes Bauerndorf, liegt am Jurasüdfuß zwischen Solothurn und Biel. Der Gemeindebann, der von der Aare bis auf die

42 Ernout/Meillet, Dictionnaire étymologique, 2,579.
43 Georges, Handwörterbuch 2,2422.
44 Bourciez, § 123.e
45 Bd. 8 (1887), S. 302.
46 Alle Belege aus der Sammlung des Solothurnischen Namenbuchs. Deutung in Zusammenarbeit mit Wulf Müller, Redaktor am Glossaire des Patois de la suisse romande.

Höhe der ersten Jurakette reicht, umfaßt 2604 ha. Das Zentrum liegt auf ca. 450 m ü. M. Die Bevölkerung hat sich seit a. 1850 mehr als verzehnfacht und zählt jetzt 16 660 Einwohner. In der Ortsmundart lautet der Name [græŋxə]. Die beiden Namenformen dt. *Grenchen* und frz. *Granges* stellen sich in eine Reihe mit mehreren *Grenchen* der deutschen und zahlreichen *Granges*[47] der welschen Schweiz. Als Parallelen nenne ich *Gränichen* im Aargau und das kleine Dorf *Grächen* im Wallis, das noch in Thomas PLATTERS Selbstbiographie im 16. Jahrhundert immer Grenchen heißt[48]. Im Französischen ist das Wort bis heute als Appellativ erhalten. Unsere solothurnische Ortschaft ist meines Wissens die einzige mit zwei Namenformen. Vier Gründe sind für die Erhaltung des französischen Exonyms durch die Jahrhunderte verantwortlich: Erstens gehörte Grenchen kirchlich bis a. 1814 zum Bistum Lausanne[49], zweitens kam es im 12. Jahrhundert durch die Heirat Berchtas, der letzten Freiin von Grenchen, mit Rudolf I. von Neuenburg-Nidau unter eine wenigstens teilweise französischsprachige Herrschaft[50], drittens fällt ein Abschnitt der Gemeindegrenze unmittelbar mit der Sprachgrenze zusammen – auf der Anhöhe westlich des Ortes betritt man im Dörfchen Romont schon offiziell französischsprachiges Gebiet – und viertens ist durch die Fach- und Handelssprache der Uhrenindustrie die Form *Granges* immer wieder ins Bewußtsein gerufen worden[51].

Von der französischen Lautung her würde man den Namen wohl spontan auf das in der mittellateinischen Verwaltungssprache verbreitete *grangiae* ‚Scheune' zurückführen[52]. Diesem Ansatz stellt sich jedoch das deutsche *Granechun* entgegen, dessen Spirans [x] ein lat. [k] voraussetzt, weshalb wir als ursprüngliche Form das nur in Gallien verbreitete vulgärlateinische **granica*[53] ‚Kornscheuer' ansetzen müssen[54]. Von diesem Ansatz aus hat

[47] Das Telephonbuch verzeichnet: Grächen VS, Gränichen AG, Grenchen SO, Greich VS; Grange-Canal GE, Grangeneuve FR, Granges (Veveyse) FR, Granges VS, Granges-de-Dompierre VD, Granges-de-Verin FR, Granges-Paccot FR, Granges-près-Marnand VD, Granges-sous-Trayes VD, Les Granges (Salvan) VS, Grangettes-près-Romont FR. – Dazu kommt eine Reihe weiterer unbedeutender Ställe und Heuschober .

[48] Thomas PLATTER: Lebensbeschreibung. Mit einem Vorwort von Walter MUSCHG herausgegeben von Alfred HARTMANN. Basel: Schwabe, 1944, S. 24 und öfters.

[49] Thomas WALLNER, Geschichte des Kantons Solothurn 1831–1914. Verfassung – Politik – Kirche. Solothurn: Regierungsrat, 1992, S. 391.

[50] Hans KAUFMANN, Semper curiosus, S. 115 f.

[51] Die Neigung zum Französischen geht so weit, daß die Gemeinde ihr Rathaus offiziell mit *Hôtel de Ville* anschreibt.

[52] AEBISCHER, Granica S. 201–218.

[53] So schon GATSCHET. Vgl. ONB, Bd. 2 , Sp. 102 f.

[54] Vgl. FEW 4,212.

bisher die Namenforschung operiert. Peter GLATTHARD erklärt die Lautentwicklung folgendermaßen: „Einmal wird der gutturale Verschlußlaut -c- durch die 2. Lautverschiebung zur homorganen Spirans -ch- verschoben: *granicha. In der ahd. Periode, im 8. Jh. noch, vollzog sich die Palatalisierung des Stammvokals; durch den Primärumlaut entstand: *grenicha. Danach wurde die Mittelsilbe – wegen des vermehrten Hervortretens des Erstakzents – syncopiert, so daß *grencha wurde; darauf schwächte sich der volle Endvolkal ab: grenche. Über diese vier Stufen führte die frühe Eindeutschung des roman. Lehnworts."[55] Als fünfte müßte man für unsere Region zusätzlich die Senkung des Primärumlauts /e/ zu /æ/ vor Nasal plus Konsonant anführen. Auf GLATTHARD stützt sich Beat ZEHNDER bei der Erklärung des aargauischen Gränichen. Er bezeichnet den im ausgehenden 12. Jahrhundert „noch nicht markierten Primärumlaut" als „graphematisch auffällig"[56], jedoch ohne dem erkannten Problem weiter nachzugehen. Unsere Belegauswahl, vermehrt um einige wenige für das aargauische Gränichen, lautet wie folgt:

1131	*Chonone de Granechun* SUB I 34,20
1175	*domnus Hesso de Grenechon* SUB I 108,16
1180	*milites Esso de Granges* SUB I 118,21 (03,25-08,31)
1181	*Hessone de Granechon* SUB I 120,29
1185	*ius quod habetis in ecclesia de Grangis* SUB I 127,17
1190	*partem allodii sui quod habebat iuxta Granges* SUB I 130,35 f.
1212	*in ecclesia de Grangiis ... ecclesie de Grangiis* SUB I 112,23 f.
1221	*ius quod habetis in ecclesia de Grangis ... molendinum quod habetis in villa de Grangis* SUB I 175,27 f.
1225	*Berchta de Granges ... IIIIor lunagia sub castro de Granges* SUB I 181,1 u. 4
1254	*C. plebanus de Granges* SUB II 53,33
1273	*H. domini de Strazberc, rectoris ecclesie de Grenchen* SUB II 200,24
1281	*nos Heinricus dominus de Strazperch, rector ecclesie de Granges ... per parrochiam de Granges particulariter diffusas, videlicet in villis subscriptis Grenechon et Stadrůti ... Henrico rectoris supradicte ecclesie de Granges* SUB III 60,20; 26 f.; 29
1285	*Curatus de Granges* SUB III 103,2

55 GLATTHARD, Ortsnamen, S. 289. – Diese Deutung wird von Maria BESSE, S. 157, übernommen.

56 ZEHNDER, S. 180 f.

1330 *die briefe die Graf Berchtolt von Strasberg vnſer vetter vmb die lichunga der muli ze Grenkon, in dem loche, gegeben hatte … ſo han wir die ſelbe muli hofſtat der man ſprichet in dem loche vnd die muli verlichen … heinriche der kindon von Grenkon* Urk 1330 II. 26.

1330 *Grenchen die burg mit Lute vnd mit gůtt* Urk 1330 XII. 10.

1340 *Jn Grenchon* Urk 1335 II. 9., Vid. 1340 VI. 12.

1345 *Grenkon Lengo(v)wa Stadruti Totzingen dieſbach Oberwile* Urk 1345 X. 31.

1366 *vf der Sture des dorfes von Grenchon* Urk 1366 V. 15. (16?)

1373 *vff (minen) mansmat matten gelegen in twinge vnd banne ze grenchen zuͤ den fu(i)rhoͤtern* Urk 1373 IX. 8.

1374 *Ich claus peiier … geſeſſen ze Grenchon* Urk 1374 III. 14.

1443 *ze grenchen* ULe, [1r]

1523 *Herr Peter Widmer von Grenchen und herr Jerg Zůgmeiger, conventherren zu Schoͤntal* AGBRef I 78,7

1539 *Hienach vollgen die hoͤltzer unnd waͤllde, so min herren in bane gelegt von Grenchen biß an den Sickern.* SRQ II 275,15

1585 *Ab einer hoffſtat Zů Gränchen* U Nid 30, unpag.

1875 *Grenchen/Granges* TAS 123

1976 *Grenchen* LKS 1126

mundartl. [ˈgræŋ:xə], gepflegt [ˈgræn:xə]

frz. [gRãʒ]

Gränichen AG[57] *(nach Zehnder).*

1184 *Seingen. Cranechon. Chollinchon* Engelb Gfr 49 Nr. 10

1184–94 *de Cranichun 30 sol.* Engelb QW II 2 S. 224

1236 *possessiones in … Wininchon, Grenechon* Engelb QW I 1 S. 176

1261–64 *Grenichen curia, cuius sunt* Habsb Urb QSG 15.1 S. 3

1281 *hat ze pfand das dorf ze Grenchen* (MB) Habsb Urb QSG 15.1 S. 103

Es empfiehlt sich, vier Lautformen auseinanderzuhalten, die bereits in den ersten Belegen auftauchen: die aus dem Deutschen latinisierten Formen *Granechun* (a. 1131) und *Granechon* (a. 1180), die aus dem Frankoprovenzalischen latinisierten Ablative *de Grangiis* (a. 1178) und Akkusative *iuxta Gran-*

[57] Nach ZEHNDER, Die Gemeindenamen des Kantons Aargau. Aarau: Sauerländer, 1991, S. 180 f.

ges (a. 1189), die rein deutschen *Grenchen* (a. 1273) und *Grenkon* (a. 1330) und die frankoprovenzalischen *de Granges* (a. 1180). Wir dürfen also nicht nur mit den deutschen, sondern müssen auch mit den vulgärlateinischen, galloromanischen und altfrankoprovenzalischen Lautgesetzen rechnen. Die Latinisierungen aus dem Deutschen und dem Frankoprovenzalischen beweisen die ursprüngliche Gleichrangigkeit der beiden Vernakularsprachen. Noch im 12. Jh. zeigt die erstüberlieferte aus dem Deutschen latinisierte Form weder einen Primär- noch einen Sekundärumlaut, sondern das Graphem *a*. Wir müssen also auf einem anderen Weg als GLATTHARD zu der heutigen Form gelangen.

Im Lateinischen und seinen galloromanischen Tochtersprachen werden die unbetonten Vokale der zweitletzten Silben vielfach früh synkopiert. Schon seit Plautus' Zeit finden wir *domnus* für *dominus*, bei Cato ist *virdis* für *viridis* bezeugt. Spätestens im 4. Jh. wird in weiten Teilen Galliens *manica* ‚Ärmel' zu *manca*, *pertica* ‚Stange' zu *pertca*, und eben **granica* ‚Getreidescheuer' zu **granca*. Später gingen alle Endungsvokale außer /a/ verloren und dieses verbliebene /a/ schwächte sich zum tonlosen /ə/ ab, was im modernen Französischen zu *manche*, *perche* und *granche* oder *grange* führte[58]. Freilich erfolgte die Synkopierung der Paenultima am Ostrand des galloromanischen Sprachgebiets mit einer rund dreihundertjährigen Verzögerung[59]. Aufgrund des nicht eingetretenen Primärumlauts postulierte ich, daß sich das noch nicht geschwundene /i/ im Frankoprovenzalischen vor der Entlehnung ins Deutsche zu /e/ gesenkt haben müsse: ['granika] > *['graneka]. Diesen Schluß unterbreitete ich dem Redaktor am *Glossaire des Patois de la suisse romande*, Wulf MÜLLER, der ihn nicht nur bestätigte, sondern durch romanistische Literatur untermauerte[60]. Außerdem verwies er mich auf die hier im späteren 6. Jh. erfolgte Sonorisierung des intervokalischen /k/ zu /g/, also galloroman. *['graneka] > frankoprovenzal. *['granega], was zum heutigen dialektalen Appellativ ['grãdʒə] und seiner schriftfranzösischen Entsprechung *grange* sowie zum französischen Ortsnamen *Granges* führte.[61]

Die seit etwa a. 600 ins Aaretal einwandernden Alemannen[62] hörten also, als sie in unsere Gegend gelangten, nicht mehr die Form *['granika], aber

58 E. et J. BOURCIEZ, Phonétique française. § 15 u. 122,2°.

59 Freundlicher Hinweis von W. MÜLLER. – Vgl. FEW unter *manica*.

60 H. HAFNER, S. 121. – G. STRAKA, S. 354–361. – B. HASSELROT, S. 138.

61 Dieser Lautwandel ist verbürgt im antiken Namen von *St. Maurice/Sankt Moritz* im Wallis, der noch anno 515 *Acaunum* lautete, im späteren 6. Jh. jedoch zu *Agaunum* sonorisiert wurde. Hinweis von W. MÜLLER.

62 B. AMIET, Solothurnische Geschichte I, 136 f.

auch noch nicht die stimmhafte *['granega], sondern die Zwischenstufe *['graneka], und der Stammsilbenvokal /a/ konnte dem Primärumlaut nicht unterliegen, weil ihm kein /i/ mehr folgte. Deshalb ist das *a* in den ältesten Dokumenten nicht ein unbezeichneter Primärumlaut, sondern ein unversehrt erhaltenes /a/[63]. Wir gehen also davon aus, daß die Alemannen bei ihrer Ankunft im Aaretal *['graneka] schon als Namen hörten, lassen aber offen, ob sie vielleicht auch seinen Sinn erfaßten[64]. Dieses entlehnte *['graneka] erlitt dann lediglich die Zweite Lautverschiebung, wobei das /k/ nach Konsonant anfänglich nur zur Affrikata /kx/ verschoben wurde. Die *ch*-Schreibungen des 12. Jahrhunderts müssen wohl eher als Affrikaten denn als Spiranten gelesen werden. Erst später erfolgte die Weiterverschiebung zu /x/. Im Hochmittelalter muß der unbetonte Mittelsilbenvokal /e/ im Deutschen zu /i/ gehoben worden sein[65]. Der Umlaut des /a/ zu einem sehr offenen /æ/ könnte als eine Anlehnung an das weiter vorn gesprochene französische /a/ aufgefaßt werden, er geht aber doch eher auf die Palatalisierung durch den neugehobenen Zwischenvokal /i/ zurück. Die Endung im ältesten Beleg entspricht formal einem Dativ Pluralis, semantisch einem Lokativ ‚Bei den Kornscheuern'.
Die zwei postulierten Ableitungen lassen sich, aus Dativen in Nominative transponiert, folgendermaßen schematisieren:

[63] Wenn die Einwanderer das Wort schon viel früher als Appellativ aufgenommen und mitgebracht hätten, müßte es auch im Elsaß und im rechtsrheinischen Gebiet verbreitet sein. Das Topographische Wörterbuch des Ober-Elsaß von Georg Stoffel 63 verzeichnet mehrere *Granges*, darunter auch eines mit dem deutschen Interpretament *Schüre*, aber kein einziges *Grenchen*.

[64] Zinsli, Berner Oberland, S. 353.

[65] Diese Hebung des Mittelsilbenvokals ist bezeugt in der Belegreihe des aargauischen Gränichen (1184/94 u. 1261/64).

Bisherige Deutung		Neuer Vorschlag			
Zeit	*vulg.-lat. > alem.*	*alem.*	*Gallorom.*	*Frankoprov.*	*Französisch*
5. Jh.	['granika]		['granika]		
6. Jh.			*['graneka]		
6. Jh.		*['graneka]			
6. Jh.				*['granega]	
8. Jh.	*['granixa]	*['granekxa]			
8. Jh.	*['grenixa]			*['grandʒi]	
12. Jh.	*['grenxa]	*['grænixa]			
14. Jh.	*['grenxə]	*['grænəxə]		*['grãdʒə]	
15. Jh.	*['grænxə]	*['grænxə]			
modern	['græŋxə]	['græŋxə]			['gRãʒ][66]

Die neue Analyse ermöglicht nun eine genauere Festsetzung des Zeitpunkts, in dem die galloromanische Siedlung Grenchen in den Gesichtskreis der Alemannen geriet. Es muß im 6. Jahrhundert nach der Senkung des /i/ zu /e/, aber vor der Sonorisierung von /k/ zu /g/ geschehen sein. Zudem gibt sie Hinweise auf die relative Chronologie der beiden galloromanischen Lautveränderungen.

Schluß

Wir haben anhand von fünf Ortsnamen verschiedene Spuren der Namendeutung verfolgt. Zuerst haben wir für Flumenthal, Balsthal und Tscheppach die Unhaltbarkeit vordeutscher Herleitung dieser Namen nachzuweisen versucht und deutsche Etyma vorgeschlagen. Anschließend haben wir die Deutung von Altreu gesichtet und uns für den einen der drei Vorschläge entschieden. Und zuletzt haben wir den Namen der Stadt Grenchen analysiert und zwar nicht eine neue Deutung, aber eine neue Lautgeschichte vorgeschlagen.

Mein Vortrag trägt den Titel „Zeitenwende". Ich überlasse es Ihnen zu entscheiden, worauf Sie den Begriff beziehen wollen: ob auf die Zeit der Namengebung oder die Zeit der Namendeutung. Die Wissenschaft hat, wie ich eingangs sagte, mehrere Facetten. Die eine zeigt die allgemeinen Erkenntnisse und die großen Zusammenhänge auf, die andere verwendet diese Übersichtsdarstellungen als Folie und prüft ihre Gültigkeit anhand der Detailuntersuchungen. Dabei darf das Gewicht der von Autoritäten vorge-

66 Die frankoprovenzalische Form ist heute durch die französische verdrängt.

legten Deutungen nicht unterschätzt werden. Es braucht mehr Mut, eine bestehende Theorie zu widerlegen als eine neue zu entwerfen. Die neugewonnenen Erkenntnisse dringen aber erst in ein breiteres Bewußtsein, wenn sie wiederum von den Übersichts- und Unterrichtswerken aufgenommen und verarbeitet werden. So ist jedes wissenschaftliche Ergebnis ein vorläufiges Ergebnis, das den gegenwärtigen Wissensstand reflektiert und jederzeit durch neue Einsichten wieder umgestürzt werden kann. Ich schließe deshalb mit dem adaptierten Vers:

> Von diesen Blättern wird bleiben, der durch sie hindurchging,
> der Wind,
> Klüger machet das Wort den Hörer, er hört es.
> Wir wissen, daß wir Vorläufige sind,
> Und nach uns kommt auch noch was Nennenswertes.

Bibliographie

Quellen und Quellenstandorte:

AATh Urb. 1372	Adelsarchiv Thierstein 1364–1460, darin: Thiersteinisches Urbar 1372. BSStA
Adressbuch KtSO:	Handels- und Gewerbe-Adressbuch des Kantons Solothurn. Nach amtlichen Quellen erstellt von J. A. Näf, Kanzlist. Erste Ausgabe. Solothurn: im Verlage des Verfassers, 1889.
AGBRef	Aktensammlung zur Geschichte der Basler Reformation in den Jahren 1519 bis Anfang 1534, 6 Bde., Basel 1921–1950.
AGRQ 2,2	Die Rechtsquellen des Kantons Aargau. Zweiter Teil: Rechte der Landschaft. Zweiter Band: Die Oberämter Königsfelden, Biberstein und Kasteln, bearbeitet und herausgegeben von Walther Merz, Aarau: H. R. Sauerländer & Co., 1926.
AGUB:	Merz, Walther: Aargauer Urkunden, hg. von der Historischen Gesellschaft des Kantons Aargau. Aarau: Sauerländer. 1930 ff.
Alt. Carte. SO	Altermatt, Johann Baptist: Karte des Kantons Solothurn, 1796–98. SOStA. S 788 (= photographische Reproduktion des Originals).
BEStA	Bern, Staatsarchiv
BLUB:	Boos, Heinrich (Hg.): Urkundenbuch der Landschaft Basel, Basel 1881 (1. Teil, 708–1370) und 1883 (2. Teil, 1371–1512). In 1 Bd. (C. Detloff's Buchhandlung).
BSStA:	Basel, Staatsarchiv

BSU	Baumgartner, Rudolf: Das bernisch-solothurnische Urbar von 1423. Zur Geschichte einer schweizerischen Landschaft, Solothurn 1938
BSUB	Urkundenbuch der Stadt Basel. Herausgegeben von der Historischen und Antiquarischen Gesellschaft zu Basel, 11 Bde., Basel 1890–1910 (C. Detlofffs Buchhandlung (Bd. 1), R. Reich vormals C. Detloffs Buchhandlung (Bde. 2–8), Helbing & Lichtenhahn vormals Reich-Detloff (Bde. 9–11).
BZRo v. Spberg	Bodenzinsrodel von Spiegelberg, Depositum Benzingerhof, Dossier VIII: Rodel von Malrein geb. Küngold von Spiegelberg, Erster Teil lateinisch, 1459, Zweiter Teil deutsch, 1467. SOStA
Engelb Gfr	Engelberg-Geschichtsfreund. Zit. nach Zehnder.
Engelb QW	Ältestes Einkünfteurbar des Klosters Engelberg. Zit nach Zehnder.
FAvRoll	Familienarchiv von Roll. Solothurn, Privatbesitz.
FRB	Fontes Rerum Bernensium. Berns Geschichtsquellen. Bde. I–IX. Bern 1877–1965.
GB Ich	Ältestes Grundbuch von ca. 1825. Ichertswil
Gfr.	Der Geschichtsfreund. Mitteilungen des Historischen Vereins der fünf Orte Luzern, Uri, Schwyz, Unterwalden und Zug. Einsiedeln, Stans.
Gülten	Verzeichnis von Gülten und Schuldbriefen, 17. Jh. SOZB.
Habsb. Urb.	Das Habsburgische Urbar, 3 Bde., hg. von Rudolf Maag (Bd. 1 u. 2), P. Schweizer u. W. Glättli (Bd. 3), Basel 1894 (Adolf Geering), 1899 (Adolf Geering), 1904 (Basler Buch- u. Antiquariatshandlung) (= Quellen zur Schweizer Geschichte 14, 15. 1, 15. 2).
Haffner Schaw-Platz:	Deß kleinen Solothurniſchen Schaw-Platzes Zweyter Theyl: Begreifft in ſich ein kurtze Beſchreibung Der Statt Solothurn / Sampt dero zugehörigen Landen / Vogtheyen / Graff- vnd Herſchafften: auch was ſich darinnen Denck- oder Geſchichtwürdiges begeben vnd zugetragen hat. Verfaſſet durch H. Franciſcum Haffner alt-Stattſchreiber Löblicher Statt Solothurn Equitem & Not. Apoſt. Solothurn, 1666
Jzb Büss II	Jahrzeitbuch Büsserach 1465. Papier und Pergament. SOStA
Jzb Melt 58	Jahrzeitbuch Meltingen 1480. Pergament. Paginiert. SOStA
Jzb St. Urs	Jahrzeitenbuch Sankt Ursenstift. SOStA
KAGLA 66 A 13	[1a] Karlsruhe, Generallandesarchiv, Bestand 66 A (Beraine, Ausland) 13. Berein Dompropstei des Domstiftes Basel. 15. Jh.
KaPred	Klosterarchiv Prediger A: Registratur mit der braunen Deckin 15./16. Jh. BStA
Kopp 4/1	Kopp, J. E.: Geschichte der eidgenössischen Bünde. Mit Urkunden. Band 4, 1. Abteilung, Luzern (J. und A. Stocker) 1854.

LKS	Landeskarte der Schweiz. Wabern (Bundesamt für Landestopographie)
NMZ	Neue Mittelland Zeitung (Solothurner Zeitung), Solothurn
OltUb	Fischer, Eduard: Oltner Urkundenbuch, Bd. 1, 1260–1653, Olten 1972 (Einwohnergemeinde Olten) (= Publikationen aus dem Stadtarchiv Olten 6).
ONB	Ortsnamenbuch des Kantons Bern (Vgl. Literatur)
PfrU Aetg/Lüss	Pfrundurbar Aetingen und Lüsslingen, 1658 und 1732.
QW	Quellenwerk zur Entstehung der Schweizerischen Eidgenossenschaft. Hg. von der Allgemeinen Geschichtsforschenden Gesellschaft der Schweiz. Abteilung I Urkunden, Bde. 1–3 (Aarau 1933–1964), Abteilung II Urbare und Rödel, Bde. 1–4 (Aarau 1941–1957).
RM „rot"	Ratsmanual „rot", 15. Jh., SOStA
SchlaRo Buch 1675	Schlafrodel der Vogtei Bucheggberg, 1675. SOStA
SGUB	Urkundenbuch der Abtei Sanct Gallen, bearbeitet von Hermann Wartmann, fortgeführt von Traugott Schiess, Pl. Bütler, Paul Staerkle, 6 Bände, Zürich, später St. Gallen 1863–1955.
SOStA	Solothurn, Staatsarchiv
SOZB	Solothurn, Zentralbibliothek
SRQ	Studer, Charles: Die Rechtsquellen des Kantons Solothurn, 2 Bde. (Bd. 1: Von den Anfängen bis 1434, Bd. 2: 1435–1604), Aarau 1949 und 1987 (Verlag Sauerländer) (= Sammlung schweizerischer Rechtsquellen, herausgegeben auf Veranlassung des Schweizerischen Juristenvereins mit Unterstützung des Bundes und der Kantone.
SUB	Kocher, Ambros: Solothurner Urkundenbuch, 3 Bde. (Bd. 1, 762–1245, Bd. 2, 1245–1277, Bd. 3, 1278–1296), Solothurn 1952, 1971, 1981 (Staatsarchiv Solothurn) (= Quellen zur solothurnischen Geschichte, herausgegeben vom Regierungsrat des Kantons Solothurn).
TAS	Topographischer Atlas der Schweiz (= Siegfried-Karte), 1:25 000, Blätter 6–10, 34, 93, 95–99, 109–113, 122–129, 139, 142, 147–150, 152, 162–166, Eidgenössisches Stabsbureau.
TEB	Trouillat, J.: Monuments de l'histoire de l'ancien évêché de Bâle. Recueillis et publiés par ordre du Conseil-Éxécutif de la République de Berne, 5 tomes, Porrentruy 1852–1867 (Tome 5: Trouillat, J. et Vautrey, L.) (Chez Victor Michel, Libraire-Éditeur (tomes 1–4), Chez J. Gürtler, Imprimeur-Libraire (tome 5).
U Franz 72	Urbar Franziskaner. SOStA. (ungedr.)

U Nid 28	Urbar Amt Nidau, Nr. 28, Gottstatt Zinß und Zent Urbar, 1474. BEStA (ungedr.)
U SSol	Bodenzinsurbar der Stadt Solothurn, 1535. SOZB (ungedr.)
U St. Urs 88	Urbar St. Ursenstift 88, 1440. SOStA (ungedr.)
ULe, [ ]	Urbar Leberberg (Grenchen, Bettlach, Selzach, Altreu) der Herren von Heriken, 1443. Papier, teilweise foliiert. SOZB, Signatur S I 774 (ungedr.).
ULe	Kocher, Ambros: Die älteren Urbare vom Leberberg. In: Jahrbuch für solothurnische Geschichte 25 (1952), S. 3–100.
Urk	Urkunde
Urk vRoll	Urkunden Familenarchiv von Roll. FAvRoll (ungedr.)
Urk. Thun	Huber, C(arl): Die Urkunden der historischen Abteilung des Stadtarchivs Thun, Thun 1931 (Muntwyler).
ZRo St. Urs 291	St. Ursenstift: Zehnten Rodel von 1392. In St. Urs 291. SOStA (ungedr.)
ZRo v. Spberg 1	Zinsrodel Junker Hemmann von Spiegelberg, Nr. 1, 1444. FAvRoll. (ungedr.)
ZRo v. Spberg 2	Bodenzinsrodel Schultheiss Hemmann von Spiegelberg, Nr. 2, 1450. FAvRoll (ungedr.)

Literatur:

ADKS: Archäologie und Denkmalpflege im Kanton Solothurn. Solothurn, 1971–1993.

AKS: Archäologie des Kantons Solothurn. Solothurn, 1996 ff.

AEBISCHER, PAUL: Granica ‚Grange' et sa descendance dans les dialectes italiens et les langues de la péninsule ibérique. In: Revista portuguesa de filologia 2 (1948), 201–218.

AMIET, BRUNO: Solothurnische Geschichte. Erster Band. Stadt und Kanton Solothurn von der Urgeschichte bis zum Ausgang des Mittelalters. Solothurn: Staatskanzlei, 1952.

AMWEG, G.: Sornetan. In HBLS 6 (1931), S. 452.

ANONYMUS: Flumenthal. In: Solothurner Zeitung 94 (1940), Nr. 232.

BESSE, MARIA: Namenpaare an der Sprachgrenze. Eine lautchronologische Untersuchung zu zweisprachigen Ortsnamen im Norden und Süden der deutsch-französischen Sprachgrenze. Tübingen: Niemeyer, 1997.

BIRLINGER, ANTON: Die Alemannische Sprache rechts des Rheins seit dem XIII. Jahrhundert. Berlin: Ferd. Dümmler, 1868. Unveränderter Neudruck. Walluf bei Wiesbaden: Sändig, 1973.

BOESCH, BRUNO: Kleine Schriften zur Namenforschung 1945–1981. (= Beiträge zur Namenforschung, Neue Folge, Beiheft 20, hrsg. von SCHÜTZEICHEL, Rudolf.) Heidelberg: Carl Winter, Universitätsverlag, 1981.

BOURCIEZ, E. et J.: Phonétique française. Etude historique. [8]Paris: Klincksieck, 1967. Nouveau tirage 1989.

BRUCKNER, WILHELM: Die Bedeutung der Ortsnamen für die Erkenntnis alter Sprach- und Siedlungsgrenzen in der Westschweiz. In: Vox Romanica 1 (1936), S. 235–263.

BRUCKNER, WILHELM: Doppelsprachige Ortsnamen in der Schweiz als Zeugen früherer Siedlungs- und Verkehrsverhältnisse. In: Sonderdruck aus der Jährlichen Rundschau 1940 des Deutschschweizerischen Sprachvereins, S. 1–16.

DU CANGE = Glossarium mediæ et infimæ latinitatis. Conditum a Carolo DU FRESNE Domino DU CANGE, auctum a monachis ordinis S. Benedicti cum supplementis integris D. P. Carpenterii, Adelungii, Aliorum, Suisque digessit G. A. L. Henschel [...]. Editio nova. 10 Bde. Niort, 1883 ff.

EGGENSCHWILER, F.: Altreu. HBLS 1, (1921).

ERNOUT A./MEILLET A.: Dictionnaire étymologique de la langue latine. Histoire des mots. [4]Paris: Klincksieck, 1960.

FEW: VON WARTBURG, WALTHER: Französisches Etymologisches Wörterbuch. Eine darstellung des galloromanischen sprachschatzes. Bonn (später Basel): 1928 ff. (unvollendet).

FO: FÖRSTEMANN, ERNST: Altdeutsches Namenbuch. Bd. II,1 und 2: Orts- und sonstige geographische Namen. Bonn: Hanstein, [3]bearb. v. Hermann JELLINGHAUS, 1913–1916.

FP: FÖRSTEMANN, ERNST: Altdeutsches Namenbuch. Bd. I: Personennamen. Bonn: Hanstein, [2]1900.

GEORGES, KARL ERNST: Ausführliches lateinisch-deutsches Handwörterbuch. [9]Basel: Schwabe, 1951.

GLATTHARD, PETER: Ortsnamen zwischen Aare und Saane. Namengeographische und siedlungsgeschichtliche Untersuchungen im westschweizerdeutschen Sprachgrenzraum. Bern und Stuttgart: Paul Haupt, 1977.

GPSR: Glossaire des patois de la Suisse romande. Fondé par LOUIS GAUCHAT, JULES JEANJAQUET, ERNEST TAPPOLET. Genève: Droz, 1924 ff.

GREULE, ALBRECHT: Der Name Olten und seine Herkunft. In: JbsolGesch. 46 (1973), S. 157–161.

GREULE, ALBRECHT: Zur Bewahrung römischer Siedlungsnamen in heutigen Flussnamen. Olten, Murgenthal, Langenthal. In: Jahrbuch des Oberaargaus 1996, 99–104.

GRÖGER, OTTO: Die althochdeutsche und altsächsische Kompositionsfuge mit Verzeichnis der althochdeutschen und altsächsischen Composita. (= Abhandlungen, hrsg. von der Gesellschaft für deutsche Sprache in Zürich, 11). Zürich: Zürcher & Furrer, 1911.

GROSSENBACHER KÜNZLER, BARBARA: Die Namenlandschaft des Wasseramtes. (= Solothurnisches Orts- und Flurnamenbuch, Beiheft 3). Aeschi: Selbstverlag, 1999.

HAFFNER, SCHAW-PLATZ: Deß kleinen Solothurnischen Schaw-Platzes Zweyter Theyl. Verfaſſet durch H. Franciſcum HAFFNER alt-Stattſchreibern. Solothurn: Johann Jacob Bernhard, 1666.

Hafner, Hans: Grundzüge einer Lautlehre des Altfrankoprovenzalischen. Bern: Francke, 1955.

Hasselrot, Bengt: Étude sur les dialectes d'Ollon et du district d'Aigle (Vaud). Uppsala: Lundequistska Bokhandeln i Distribution und Paris: E. Droz, 1937, S. 138.

HBLS: Historisch-biographisches Lexikon der Schweiz. Hrsg. mit der Empfehlung der Allgemeinen Geschichtforschenden Gesellschaft der Schweiz. 7+1 Bde. Neuenburg: Administration des HBLS, Attinger, 1921–1934.

Heierli, Jakob: Die archäologische Karte des Kantons Solothurn nebst Erläuterungen und Fundregister. Solothurn: Petri, 1905.

Hubschmid, Johannes: Auffällige Übertragungen von Gegenständen und Körperteilen auf Geländeformen. In: Revue internationale d'onomastique 12 (1960), S. 85–91.

Hubschmied, J[ohann] U[lrich]: Bāgāko-, *Bāgon(o) ‚Forêt de Hêtres'. Etudes de toponymie suisse. In: Revue celtique 50 (1933), 254–271.

Hubschmied, J[ohann] U[lrich]: Über Ortsnamen des Amtes Frutigen. Frutigen: Heimatkunde-Vereinigung, 1940.

Id.: Schweizerisches Idiotikon. Wörterbuch der schweizerdeutschen Sprache. Gesammelt auf Veranstaltung der Antiquarischen Gesellschaft in Zürich unter Beihülfe aus allen Kreisen des Schweizervolkes. Band 1 ff., Frauenfeld: Huber, 1881 ff. Alphabetisches Register zu den Bänden 1–11 bearb. von Niklaus Bigler, Frauenfeld: Huber, 1990.

Jäggi, Andreas: Gretzenbach. Geschichte eines Dorfes. Gretzenbach: [Bürgergemeinde], 1966.

Jutz, Leo: Die alemannischen Mundarten (Abriss der Lautverhältnisse). Halle (Saale): Niemeyer, 1931.

Kaufmann, Hans: Semper curiosus. Hans Kaufmanns kleinere Schriften zu Grenchen und Umgebung, unter Mitwirkung des Autors herausgegeben von Rolf Max Kully. Grenchen: Literarische Gesellschaft, 1995.

Kocher, Ambros: Fulenbach. Kirche und Pfarrei. Fulenbach: Römisch-katholische Kirchgemeinde, o. J. [1957].

Kocher, Ambros: Selzach. Gemeinde und Volk. Selzach: Einwohner-, Bürger- und Kirchgemeinde, 1972.

Kopp, Paul J.: Rickenbach im Zeitenwandel. Beiträge zur Geschichte des Solothurner Dorfes, zusammengetragen und bearbeitet von P. J. K. Rickenbach: Einwohnergemeinde, 1994.

Kully, Rolf Max: Bettle, Söuze, Bäuch. Aus der Werkstatt des Solothurner Namenbuchs. In: JbsolGesch. 66 (1993), S. 387–406.

Lätt, Peter: Bucheggberg. Bilder und Begegnungen. Kyburg-Buchegg: Stiftung Schloss Buchegg, 1994.

Meyer, Erich: Von der Herkunft der solothurnischen Ortsnamen. In: Historische Mitteilungen. Monatsbeilage zum Oltner Tagblatt 1 (1948), Nr. 1–3.

Müller, E.: Flumenthal – Scharlematt. In: Archäologie des Kantons Solothurn 3 (1983), S. 121.

ONB: Ortsnamenbuch des Kantons Bern [Alter Kantonsteil]. Begründet von Paul Zinsli. Dokumentation und Deutung. Erster Teil A–F., hrsg. v. Paul Zinsli in Zusammenarbeit mit Rudolf Ramseyer und Peter Glatthard. Bern: Francke, 1976; Zweiter Teil G–K/CH, hrsg. v. Paul Zinsli und Peter Glatthard in Zusammenarbeit mit Rudolf J. Ramseyer, Niklaus Bigler und Erich Blatter. 1987. (Mehr nicht erschienen.)

Paul-Moser-Schröbler, Mittelhochdeutsche Grammatik. 20. Aufl. Tübingen: Niemeyer, 1969.

Pitz, Martina: Siedlungsnamen auf -villare (-weiler, -villers) zwischen Mosel, Hunsrück und Vogesen. Untersuchungen zu einem germanisch-romanischen Mischtypus der jüngeren Merowinger- und der Karolingerzeit. Saarbrücken: SDV, 1997.

Platter, Thomas: Lebensbeschreibung. Mit einem Vorwort von Walter Muschg herausgegeben von Alfred Hartmann. Basel: Schwabe, 1944, S. 24 und öfters.

Reichardt, Lutz: Ortsnamenbuch des Kreises Esslingen. (= Veröffentlichungen der Kommission für Geschichtliche Landeskunde in Baden-Württemberg, Reihe B, Bd. 98). Stuttgart: Kohlhammer, 1982.

Sigrist, Hans: Balsthal. 3000 Jahre Dorfgeschichte. Jubiläumsschrift zur Tausendjahrfeier 1968. Separatdruck aus: JbsolGesch 41 (1968). Solothurn: Gassmann, 1968.

Socin, Adolf: Mittelhochdeutsches Namenbuch nach oberrheinischen Quellen des zwölften und dreizehnten Jahrhunderts. Basel: Helbing & Lichtenhahn, 1903. Fotomechan. Nachdr. Darmstadt: Wissenschaftliche Buchgesellschaft, 1968.

Sonderegger, Stefan: Die althochdeutsche Schweiz. In: Sprachleben der Schweiz, Bern 1963

Spycher, Hanspeter und Frey-Kupper, Susanne: Flumenthal/Scharlenmatt. In: ADKS 4 (1999), S. 48–51.

Stoffel, Georg: Topographisches Wörterbuch des Ober-Elsaß. 2. Aufl. Mülhausen: Veuve Bader, 1876, S. 202 f.

Straka, Georges: Les sons et les mots. Choix d'études de phonétique et de linguistique. Paris: Klincksieck, 1979, S. 354–361.

Strohmeier, Peter: Der Kanton Solothurn, historisch, geographisch, statistisch geschildert. St. Gallen und Bern, 1836.

Studer, Julius: Schweizer Ortsnamen. Ein historisch-etymologischer Versuch. Zürich: Friedrich Schulthess, 1896.

SZ: Solothurner Zeitung.

von Arx, Ildefons: Geschichte der zwischen der Aar und dem Jura gelegenen Landgrafschaft Buchsgau, mit Hinsicht auf den Hauptort Olten. St. Gallen, 1819.

von Bahder, Karl: Zur hochdeutschen Lautlehre (hd. f = wgerm. ƀ). In: Indogermanische Forschungen. Zeitschrift für Indogermanische Sprach- und Altertumskunde. Hrsg. von Karl Brugmann und Wilhelm Streitberg. 14 (1903), S. 258–265.

von Wartburg, Walther: Zeitschriftenschau. In: Zeitschrift für Romanische Philologie 59 (1939), S. 407–409 (zu Bruckner).

Wallner, Thomas: Geschichte des Kantons Solothurn 1831–1914. Verfassung – Politik – Kirche. Solothurn: Regierungsrat, 1992, S. 391.

Wiesli, Urs: Geographisch und siedlungsgeschichtlich interessante Orts- und Flurnamen im Balsthaler Jura. In: Jurablätter 12 (1950), 72–78.

Wiesli, Urs: Geographie des Kantons Solothurn. Solothurn: Kantonaler Lehrmittelverlag, 1969.

Zehnder, Die Gemeindenamen des Kantons Aargau. Aarau: Sauerländer, 1991.

Zinsli, Paul: Ortsnamen. Strukturen und Schichten in den Siedlungs- und Flurnamen der deutschen Schweiz. In: Schriften des Deutschschweizerischen Sprachvereins, Heft 7. Frauenfeld: Huber, 1971.

Zinsli, Paul: Das Berner Oberland als frühe alemannische Siedlungsstaffel im westlichen schweizerdeutschen Sprachgrenzraum. In: Namenforschung. Festschrift für Adolf Bach zum 75. Geburtstag am 31. Januar 1965. Heidelberg: Winter, 1965, S. 330–358.

Albrecht Greule

Die Flußnamen Württembergs: Ergebnisse und Probleme ihrer Erforschung

Württemberg gehört zu den am besten erforschten Flußnamenlandschaften in Deutschland. Dies ist sowohl dem Fleiß mehrerer Forscher und Forscherinnen, zu denen auch unser Jubilar gehört, seit Jahrzehnten zu verdanken als auch dem günstigen Umstand, daß Tübingen in den 50er und 60er Jahren ein Zentrum der europäischen Gewässernamenforschung war. Es fällt mir daher heute nicht schwer, gleichsam die Ernte einzufahren und die Ergebnisse intensiver Forschung vorzustellen und weiterzuführen. Die Probleme sind dabei im Vergleich mit anderen kaum oder gar nicht erforschten Flußnamenlandschaften gering. – Ich werde meine Darstellung in drei Hauptteile gliedern: erstens die Erforschung der Flußnamenlandschaft Württembergs, zweitens Gewässernamenschichtung in Württemberg als Ergebnis der Forschung und drittens einige Probleme, worunter die Frage nach der Schichtendifferenzierung, eine Hypothese und ein Fallbeispiel anzuschneiden bzw. auszuführen sein werden.

Württemberg als Flußnamenlandschaft und ihre Erforschung

Die Flußnamenlandschaft Württemberg konstituieren, genau genommen, vier Flußsysteme bzw. Teile von Flußsystemen. Im Zentrum liegt natürlich das Flußsystem des Neckars, das gleichsam das geographische Rückgrat Württembergs bildet und die meisten Flußnamen „liefert". Im Süden und Südosten des Landes entwässern ebenfalls nicht wenige Flüsse zur Donau, während ganz im Süden einige Flußnamen zur Kenntnis zu nehmen sind, deren Träger in den Bodensee und damit indirekt in den Rhein fließen. Ganz im Nordosten hat Württemberg über ein Teilstück der Tauber sogar noch Anteil am Main-System, das wir namenkundlich aber übergehen können. Den restlichen drei Flußsystemteilen ordne ich der besseren Orientierung halber Räume zu: den Neckar-Raum, den Donau-Raum sowie den Bodensee-Raum. Alle drei Räume sind – bis auf die linken Zuflüsse zur Donau – nach den Erfordernissen moderner Gewässernamenforschung zunächst durch die Fas-

zikel der von Hans Krahe herausgegebenen Reihe Hydronymia Germaniae, dann auch durch Monographien erschlossen, und zwar eröffnete ANNELIESE SCHMID 1962 mit dem Faszikel „Das Flußgebiet des Neckar" die Reihe Hydronymia Germaniae. Es folgten THEODORA GEIGER 1963 mit den „Rechten Nebenflüssen des Rheins" und 1964 WILLIAM H. SNYDER mit den „Rechten Nebenflüssen der Donau". Schmid, Geiger und Snyder legten in ihren Faszikeln nicht nur die Materialsammlungen vor, sondern sie bearbeiteten das jeweilige Flußnamensystem auch etymologisch in Aufsatzfolgen der Zeitschrift „Beiträge zur Namenforschung".
Während sich diese von HANS KRAHE inspirierten Forschungen auf geographisch determinierte Flußsysteme konzentrierten, war OTTO SPRINGER bereits 1930 in einer von Karl Bohnenberger ebenfalls in Tübingen vorgelegten Dissertation über „die Flußnamen Württembergs und Badens" mit gutem Beispiel vorangegangen. Er wählte aber die Umfänge von Ländern als Untersuchungsgebiete aus. Haben sowohl Otto Springer als auch die Krahe-Schüler bei ihren Untersuchungen den Großraum im Auge, so sind die Forschungsergebnisse zur Hydronymie bei Lutz Reichardt eher ein Nebenprodukt einer dem kleineren Raum, eben dem Landkreis verpflichteten Vorgehensweise. Daß es für Württemberg beide Perspektiven, die eher kleinräumige und die eher großräumige, die sich ergänzen, gibt, halte ich für einen weiteren Grund für die hohe Qualität der württembergischen Flußnamenforschung.

Flußnamenschichten in Württemberg

Die Qualität der onomastischen Erforschung eines Flußsystems bemißt sich an Maßstäben, die wiederum der Indogermanist Hans Krahe gesetzt hat, und zwar geht es letztlich darum, daß die Deutungen einzelner Flußnamen zusammenfließen in einem System von historischen Namenschichten. Dieses aus der Geologie stammende Bild von Namenschichten oder Sedimenten soll ein Axiom der neueren Flußnamenforschung verdeutlichen, nämlich daß sich die Gewässernamen als Zeugen vergangener Sprachträger gleichsam schichtweise ablagern. Das Bild trifft zwar generell auch auf Siedlungsnamenlandschaften zu. Allerdings gilt für die Gewässernamen ein weiteres Axiom, nämlich daß diese extrem langlebig sind und daß sich unter ihnen alleralteste Sprachzeugnisse abgelagert haben. Hierin liegt der besondere Beitrag der Gewässernamenforschung zur landeskundlichen Besiedelungsgeschichte und ihr besonderer Forschungsanreiz.

Die Forschung vermittelt für die Schichtung der württembergischen Flußnamen ein ziemlich klares, aber nicht uninteressantes Bild. Wenn die These stimmt, daß die Besiedelung einer Landschaft in den Gewässernamen sprachlich gleichsam petrifiziert ist, dann müßten sich entsprechend den Erkenntnissen von Archäologie und Geschichte in Württemberg zumindest Schichten keltischer und vorkeltischer, römischer, dann frühgermanischer, alemannischer und ganz allgemein deutscher Namen ausmachen lassen. Dies ist mit einigen Abstrichen auch der Fall. Aus methodischen Gründen, die durch die schlechte Überlieferung der festlandkeltischen Sprachen allgemein bedingt sind, ist es allerdings schwer, keltische Gewässernamen mit Sicherheit auszumachen. Um so umfangreicher ist daher die Gruppe jener Flußnamen, die als indogermanisch erklärt, aber keiner indogermanischen Einzelsprache zugewiesen werden können. Es handelt sich um einen beachtlichen Grundstock an vorgermanischen Gewässernamen. Obwohl fast ganz Württemberg diesseits des Limes, also in römischem Herrschaftsgebiet lag, haben die Römer – hier wie auch anderswo – so gut wie keine Spuren in der Hydronymie hinterlassen, oder anders formuliert: die geringen Spuren, die sie hinterlassen haben, sind ursprünglich Siedlungsnamen. Ich komme darauf noch zu sprechen.
Die am deutlichsten im Flußnamenbild erkennbare Namenschicht ist die der deutschen Namen. Dabei handelt es sich um Namen, die mit den Mitteln der deutschen Sprache bzw. der hier gesprochenen deutschen Dialekte erklärt werden können. Morphologisch geht es um drei Gruppen: 1. um die primären *-bach*-Namen des Typs *Otterbach* (l. z. Bühler z. Kocher z. Neckar). Sekundäre *-bach*-Namen sind dagegen solche, bei denen das Grundwort *-bach* aus Gründen der Verdeutlichung (z. B. Geometerbildungen) an einen Gewässernamen, der ursprünglich gar nicht mit *-bach* gebildet war, angefügt wurde. Gleiches gilt für sekundäre *-ach*-Namen; 2. um die primären *-ach*-Namen des Typs *Urach*, der von Lutz Reichardt im Ortsnamenbuch des Kreises Reutlingen ausführlich behandelt wird (S. 132–134); 3. um einstämmige deutsche Namen. Als Beispiele führe ich die ebenfalls von Lutz Reichardt behandelten Namen an: *Blau* (l. z. Donau, im Alb-Donau-Kreis, S. 58), *Krumm* (r. z. Fils, Kreis Göppingen, S. 131), *Lauter* (l. z. Rems, Ostalb-Kreis 1, 389–392), *Rot* (r. z. Jagst, Ostalbkreis 2, 121f.), ferner *Glatt* (l. z. Neckar) usw. Es handelt sich, wie leicht erkennbar ist, um die substantivierten Adjektive *blau, krumm, lauter, rot* und *glatt.*
Eine zweite Gruppe einstämmiger Gewässernamen ist zwar mit germanischem Sprachmaterial erklärbar; ihr morphologischer Habitus – die Namen weisen entweder einfaches Suffix auf oder sind überhaupt einstämmig –

weist sie einer älteren, sagen wir einer frühgermanischen Schicht zu. Gut verdeutlichen läßt sich dies am Namen der *Prim*, r. z. Neckar bei Rottweil, 1288 *Prime*: Unter Berücksichtigung der 2. Lautverschiebung geht als ältere Form **Brima*, ein Femininum, voraus, dem das Appellativum neutrum *brim* zur Seite steht; dieses bedeutet im Altenglischen „Meer, See", im Altisländischen „Brandung" (A. Schmid, BzN 12, 1961, 235 f.). Ebenfalls einstämmige altgermanische Namen sind **Smeuha* „die Schlüpfrige", das im Flußnamen *Schmiech*, l. z. Donau, 1298 *fluvium Smiehe* (Reichardt, Alb-Donau-Kreis, 263), vorliegt, sicherlich aber auch in *Schmie*, l. z. Enz bei Vaihingen, 1308 *Schmiehe* (Schmid, Flußgebiet des Neckar, 102). Unter den Suffixen, mit denen altgermanische Gewässernamen gebildet wurden, dominiert das *n*-Suffix. Ich zähle die mit *-n-* suffigierten Namen in Württemberg ohne weiteren Kommentar auf: *Brüdenbach* mit Ortsnamen *Brüden* im Rems-Murr-Kreis < **Brudina* (Reichardt, Rems-Murr-Kreis, 63–65); *Bühler*, r. z. Kocher, a. 1152 *Bilarna* (Reichardt, Ostalbkreis 1, 109 f.); *Hürbe*, z. Brenz z. Donau, 1171 *de Hurwin*, < **Hurwina* (Reichardt, Kreis Heidenheim, 102—104); *Schlichem*, r. z. Neckar (Kreis Rottweil), 1334 *Schlichinn*, und *Schlichenbach* im Rems-Murr-Kreis, < **Slikina* (Reichardt, Rems-Murr-Kreis, 295 f.); *Schotzach*, r. z. Neckar, 1275 *aput Schotzam*, < **Skutna*, und *Schussen*, z. Bodensee, 816 *Scuzna*, < **Skutuna* (Schmid, BzN. 13, 1962, 103 f.); *Sulm*, r. z. Neckar, a. 771 *villa Sulmana* (für Neckarsulm), < **S(w)ulmana* (Krahe, BzN. 1, 1949/50, 181 f.). Anders suffigierte altgermanische Namen sind selten: *Schwippe*, r. z. Würm, < **Swipja* mit j-Suffix (Schmid, BzN. 12, 1961, 238 f.), und *Starzel*, r. z. Prim, < **Startala* mit l-Suffix (Schmid, BzN. 12, 1961, 241 f.). Ein Sonderfall ist der Name der beiden Sechta. Die eine geht rechts zur Jagst, die andere über die Eger links zur Donau. Sie sind auf germ. **Sihta* zurückzuführen, eine altertümliche Bildung mit t-Suffix zu dem in nhd. *seihen* vorliegenden Verbum (Reichardt, Ostalbkreis 2, 190).
Die Zahl der frühgermanischen Flußnamen in Württemberg kann vielleicht vermehrt werden, wenn die weiter unten zu behandelnden Namen, deren germanische oder vorgermanische Herkunft noch nicht endgültig geklärt ist, ins Auge genommen werden.
Auf die Schwierigkeit, unter den germanisch nicht deutbaren und damit vorgermanischen Namen solche keltischen Ursprungs auszumachen, habe ich bereits hingewiesen. Dennoch sind folgende Namen höchstwahrscheinlich als keltische Namenrelikte zu werten: *Lein*, l. z. Kocher, < **Līna* (Reichardt, Ostalbkreis 1, 394–397); *Ammer*, l. z. Neckar, < (1171 *in villa*) *Ambra* (Reichardt, Tübingen, 14–16); *Kocher*, r. z. Neckar, 788 (C.) *Cochan*, < **Kukana* (Reichardt, Ostalbkreis 1, 361–365); *Ablach*, r. z. Donau, (Snyder, Die r. Ne-

benflüsse d. Donau, 1), < **Ablaka*; ON. *Altbach* an heute namenlosem Zufluß zum Neckar, (Kr. Esslingen) (Reichardt, Esslingen, 12–15), < **Albaka,* und *Kanzach*, r. z. Donau (Snyder, Die r. Nebenflüsse d. Donau, 45), < **K(w)antaka*. Die Zuordnung zur keltischen Schicht erfolgt im Falle von **Ablaka*, **Albaka* und **Kwantaka* durch das typisch keltische *-k*-Suffix, bei *Kocher* und *Lein* durch die sprachgeographische Verteilung der Namen dieses Typs; nur bei *Ammer* verfügen wir – dank der Glosse *ambe = rivo* – über ein gallisches Etymon, von dem aus durch Suffigierung mit *-r-* der Flußname *Ambra* abgeleitet wurde.

Wir kommen zu der bereits angesprochenen Gruppe der voreinzelsprachlich-indogermanischen Flußnamen in Württemberg, also jener Namen, die wir zwar als indogermanisch erweisen, aber nicht einer bekannten Einzelsprache zuweisen können. Ich werde dennoch versuchen, mit unterschiedlichen Kriterien die Gruppe zu strukturieren. Völlig isoliert, d. h. ohne Parallelen irgendwo im indogermanischen Sprachgebiet sind *Mau*bach, l. z. Murr, 1245 *Mupach*, < idg. **Mūwa,* und *Maul*ach, l. z. Jagst, 1357 *Mulach,* < idg. **Mūla* (Reichardt, Rems-Murr-Kreis, 219 f.). Nicht isoliert, aber auch nicht sonderlich in der europäischen Hydronymie präsent ist *Neckar*, dessen etymologische Struktur **Nik-ro-s* und dessen Bedeutung „heftiger, böser, schneller Fluß" wir durchschauen. Eine identische Parallele weist die Nordschweiz mit dem Fluß *Necker* auf (Greule, Vor- u. frühgerm. Flußnamen am Oberrhein, 141–143).

Europäische Verbreitung des Etymons und unterschiedlichste Suffigierung erweisen folgende Namen als „alteuropäisch" im engen Sinn; ihre ursprüngliche Bedeutung ist die von fließendem Wasser mit unterschiedlichen Bedeutungsnuancierungen: *Brett*ach, l. z. Kocher, < **Breda* (+*aha*) (Schmid, BzN. 12, 1961, 209 f.); *Murr,* r. z. Neckar, < **Mursa* (Reichardt, Rems-Murr-Kreis, 235); *Nau*, l. z. Donau, < 1003 *Nâvua* = **Nāwa* (Reichardt, Alb-Donau-Kreis, 182–184); *Enz,* r. z. Neckar, < **Antja* (Schmid, BzN. 12, 1961, 236 ff.); *Seck*ach, r. z. Jagst, < **Sagja* (+*aha*); *Argen*, z. Bodensee, 839 *Arguna* (Geiger, BzN. 16, 1965, 123); *Ohrn,* l. z. Kocher, < **Aurana* (Schmid, BzN. 13, 1962, 100 ff.); *Würm*, r. z. Nagold, < **Wermina* (Schmid, BzN. 13, 1962, 109 ff.); *Kupfer,* l. z. Kocher, < **Kupara* (Schmid, BzN. 13, 1962, 122 f.); ON. *Nabern* am Gießnaubach (z. Lauter z. Neckar), 12. Jh. (C.) *Nabera* (Reichardt, Kreis Esslingen, 70 f.); *Erms*, r. z. Neckar, < **Armisa* (Reichardt, Kreis Reutlingen, 38); *Jagst*, r. z. Neckar, 989 (C.) *Jagesa* (Reichardt, Ostalbkreis 1, 328 f.); *Körsch*, l. z. Neckar, 1277 *Cherse*, < **Karisa* (Reichardt, Kreis Esslingen, 58 f.); *Echaz*, r. z. Neckar, < **Ak(w)antia* (Schmid, BzN. 13, 1962, 209 f.); *Wiesaz,* r. z. Steinlach (z. Neckar), < **Wisantia* (Schmid, BzN. 13,

1962, 213); *Nagold*, r. z. Enz, 1075 *Nagaltha* (Schmid, BzN. 12, 1961, 246 f.), mit sehr seltenem -*t*-Suffix (vgl. neben *Nagaltha*: * *Nagala*, * *Nagila*, * *Nagira*, * *Nagat, Nagà*, idg. * *nagh*-: IEW 971 f.)

Eine hydronymische Kostbarkeit hält die württembergische Flußnamenlandschaft mit dem Namen der Wieslauf, r. z. Rems, 1027 *Wisilaffa*, bereit. Es handelt sich um einen komponierten Flußnamen, mit dessen Grundwort -*affa* > * -*apa* im Nordwesten des deutschen Sprachgebiets viele Gewässernamen gebildet wurden, so daß man von „den *apa*-Namen" sprechen kann. Lutz Reichardt (Rems-Murr-Kreis, 30 f.) vermutet, daß im Falle von Wieslauf -*apa* verdeutlichend an einen ursprünglich voreinzelsprachlich-idg. Namen * *Wisila* angetreten sei. Obwohl die Wieslauf westlich des Limes (aber nahe am Limes) fließt, ist doch der Gedanke reizvoll, daß die verdeutlichende Anfügung von -*apa* auf Germanen zurückgeht. Germanen macht Reichardt nämlich auch für den Lautwandel idg. /o/ > /a/ im Namen der Jagst verantwortlich (Reichardt, Ostalbkreis 1, 329). Diesen Lautwandel weisen aber noch weitere württembergische Flußnamen auf: *Erms*, *Nabern* und *Seckach*. Zumindest bei *Erms* und *Nabern* kann der o>a-Lautwandel auch andere Gründe haben, weil der Lautwandel in Namen mit diesen Etyma auch in nichtgermanischen Regionen vorkommt.

Eine letzte Auffälligkeit der württembergischen Flußnamenlandschaft will ich noch andeuten. Es geht um die sogenannten p-Namen. Die Vertreter dieser Gruppe sind zunächst nur *Kupfer* (< * *Kupara*) und *Schefflenz*, r. z. Jagst (auf badischem Gebiet), < * *Skapelantia* (Schmid, BzN. 13, 1962, 211 f.). Einen weiteren p-Namen hätten wir in *Pfersbach* (indirekt z. Rems), 1364 *Pfaͤrispach,* wenn wir ausnahmsweise einmal nicht der Etymologie von Lutz Reichardt folgen, der den Namen als * *Pferchs-bach* erklärt (warum der Genitiv von Pferch?) (Reichardt, Ostalbkreis 2, 69 f.). Anneliese Schmid bietet für den Namen eine indogermanische Etymologie an, indem sie ihn auf * *Parisa/-os* (idg. * *por*- „hinüberführen") zurückführt (A. Schmid, BzN. 13, 1962, 69). Da idg. /p/ in den keltischen Sprachen geschwunden ist, sind die Namen *Kupfer*, *Schefflenz* und *Pfersbach* zumindest als nichtkeltisch, vielleicht sogar als vorkeltisch zu kategorisieren; bei *Schefflenz* und *Pfersbach* kommt noch der ebenfalls nicht keltische Wandel von /o/ > /a/ hinzu.

Probleme

1. Die Schichtendifferenzierung, vor allem die eindeutige Zuweisung eines Flußnamens zur Gruppe der germanischen oder vorgermanischen Namen,

bereitet Schwierigkeiten bei *Brenz*, l. z. Donau, < **Brandisa* (Reichardt, Kreis Heidenheim, 37 f.) – germanisch oder keltisch?, *Lone*, z. Brenz, < *Luna*, Name eines römischen Kohortenkastells (Reichardt, Alb-Donau-Kreis, 190 f.) – germanisch oder voreinzelsprachlich-idg.?, *Riß*, r. z. Donau, < **Rusja* (Alb-Donau-Kreis, 244) – germanisch oder voreinzelsprachlich-idg.?, *Rems*, r. z. Neckar, < **Rāmisa* (Reichardt, Rems-Murr-Kreis, 262), in Anbetracht von mundartlich *Rām* „feuchte Niederung" kommt auch germanische Herkunft in Betracht; *Glems*, r. z. Enz, < **Glamisa* (Reichardt, Kreis Reutlingen, 52 f.); da die Wurzel **glam-* im Germanischen vertreten ist (z. B. in der Form *Glam, Glahm, Klamm* für schluchtartige Einschnitte und Hohlwege), kommt auch germanische Herkunft von *Glems* in Frage.

2. Manche unbefriedigend erklärten Flußnamen Württembergs erhalten eine plausible Etymologie, wenn man zu der Annahme bereit ist, daß vorgermanische, vorwiegend römerzeitliche Siedlungsnamen zu Flußnamen werden konnten. So ist für die *Zaber*, l. z. Neckar, 1443 *vff der Zabern*, vermutet worden, der Flußname führe lateinisch *Taberna* fort. *Taberna* ist ein typischer Name für römische Straßenstationen (Greule, Kontinuität durch Wechsel, 119 f.). – Im Namen der *Weihung*, l. z. Iller, könnte der Name der in der Geographie des Ptolemaios (II 12,3) genannten *polis Viána* fortleben, was am Namen des Ortes *Wain* im Weihungtal, 1275 *Wiewen*, besser zu verdeutlichen ist (Springer, Flußnamen, 63). Die polis Viána dürfte ein Kastell südlich der oberen Donau westlich der Einmündung der Iller (Nierhaus, Zu den topographischen Angaben, S. 492) gewesen sein; *viāna* ist ein von lat. *via* „Weg, Straße" abgeleitetes Adjektiv.

Die Kessach, r. z. Jagst, schneidet auf ihrem Lauf den Limes zwischen Osterburken und Jagsthausen. Die bisherigen Deutungen des Namens (A. Schmid, BzN. 12, 1961, 148 f.; H. Kaufmann, aha-Namen, 37 f.) überzeugen mich nicht. Deshalb schlage ich auch in diesem Fall Übertragung des Namens einer römischen Siedlung namens **Cas(s)iacum* vor. Die Lautentwicklung von **Cas(s)iacum* zu 976 *Chessaha* ist völlig problemlos. Das einzige Problem stellt die Frage dar, ob diesseits des Limes entlang der Kessach eine solche Siedlung auch archäologisch nachgewiesen werden kann. Schließlich wage ich es, hier abschließend auch den Namen *Sall* anzureihen: Die Sall mündet genau dort in den Kocher, wo der Limes bei Sindringen (Kr. Öhringen) den Kocher überquerte. Diese Situation ist jener in Niederbayern vergleichbar, wo oberhalb von Regensburg im heutigen Ort Saal ein Bach in die Donau mündet und damit auf die damalige römische Reichsgrenze trifft. An dieser Stelle wurde ein spätrömischer Burgus ausgegraben. Ich vermute in der alten Form des bayrischen Ortsnamens, 790 (C.) *Salla*, eine germanische Bezeichnung für den Burgus (Greule, in: NI, Beiheft 20, 1999, S. 117). Der gleiche germanische Ortsname könnte auch im Falle der württembergischen Sall vorliegen und auf den Fluß übertragen worden sein.

3. Ein Fallbeispiel. Die Fils entspringt bei Wiesensteig im Kreis Göppingen, fließt durch Göppingen und mündet bei Plochingen von rechts in den Neckar. Die älteste Erwähnung des Flusses findet sich im Stiftungsbrief der Abtei Wiesensteig von 861. Es heißt dort zunächst: *iuxta flumen quod uocatur filisa* und etwas später: *ubi flumen ipsud filisa initium capit* (Mauch, Hist. Jb. f. d. Kr. Göppingen 6, 1996, 37, 38). Die Urkunde, in der sich die beiden Erwähnungen finden, ist uns zwar nur in wesentlich späteren Abschriften erhalten. Aus diesen hat jetzt aber Rainer Mauch textkritisch vorbildlich die den Abschriften zugrundeliegende Urkunde, die in karolingischer Buchminuskel geschrieben gewesen sein dürfte, rekonstruiert (Mauch, Hist. Jb. f. d. Kr. Göppingen 6, 1996, 16–53). Mauch zweifelt auch nicht an der Echtheit der verschwundenen Urkunde (Mauch, Hist. Jb. f. d. Kr. Göppingen 6, 1996, 31 f.), so daß von ihr als von einem – verschwundenen – Original gesprochen werden kann.

Im Hinblick auf die Etymologie des Flußnamens *Fils* weist der Wiesensteiger Stiftungsbrief allerdings eine Schwierigkeit auf: Etwa in der Mitte der Urkunde wird der Ort Eislingen/Fils erwähnt und lokalisiert mit den Worten: *in pago qui dicitur filiuuisgauue* (Mauch 1996: 40). Es handelt sich dabei um das untere Filstal. An zwei Stellen, im Ortsnamenbuch des Kreises Esslingen (Reichardt 1982: 89) und im Ortsnamenbuch des Kreises Göppingen (Reichardt 1989: 78), deutet Lutz Reichardt den Namen identisch, und zwar in der Weise, daß der Flußname von germ. **felwa* „Weidenbaum, Felber" mit einem germanischen s-Suffix abgeleitet ist, was regulär **Filwisa* im Sinne von „Weidenbach" ergeben mußte. Um das Verhältnis von *Filisa* zu **Filiwisa*, zu der Form des Flußnamens, die im Gaunamen vorliegt, erklären zu können, geht er von einem Schwund des -w- nach -l- aus. Das bedeutet, – was nicht überraschen würde – daß im Gaunamen *filiuuisgauue* die ältere Form des Flußnamens vorliegt, in der Nennung *flumen filisa* die jüngere, die den Schwund des -w- nach -l- bereits aufweist.

Ich bin bislang dieser Etymologie gefolgt, die eine Trennung des württembergischen Flußnamens von mehreren gleichlautenden bayerischen und österreichischen Namen bedeutet hat. Aus meiner jetzigen bayerischen Sicht würde ich wenigstens versuchsweise die Trennung aber gerne aufgeben. Dazu veranlaßt mich auch, daß Lutz Reichardt in seinem Ostalbkreis-Buch (S. 258 f.) noch am Anfang des 15. Jahrhunderts für den Orts-

namen *Vellbach* historische Namensformen nachweist, die *Velwen* (so a. 1406) geschrieben werden. Reichardt führt den Namen richtig auf ahd. *felwa* bzw. *felawa* „Silberweide, Salweide" zurück und deutet ihn als „bei den Weiden". Das bedeutet aber, daß das -w- nach -l- in diesem Wort in Württemberg (und auch anderswo) nicht geschwunden ist. Wir stehen damit erneut vor der Frage, wie wir uns das Verhältnis der Flußnamenformen *Filisa* und **Filiuuisa* in der Wiesensteiger Urkunde erklären sollen. Ich bin der Auffassung, daß *Filisa* die alte, eigentliche Form des Namens der württembergischen Fils ist. Den Namen *filiuuisgauue* erkläre ich mir als eine „Volksetymologie", in die ahd. *wisa* „Wiese", *filu* „viel" und *felawa* „Weide" einfließen.
Somit wird der Weg dafür frei, die württembergische Fils mit den bairischen Vils-Flüssen zusammenzusehen. Damit sind interessante siedlungsgeschichtliche Perspektiven verbunden. Im bairischen Mundartgebiet gibt es mindestens vier verschiedene Gewässer, die den Namen *Vils* tragen, mit teils sehr früh überlieferten Namensnennungen, die entweder *Filusa* oder *Filisa* lauten. Ich zähle die Gewässer auf: 1. Vils, r. z. Naab bei Kallmünz (Kr. Regensburg), 2. die Große Vils, r. z. Donau in Vilshofen, mit dem Zufluß Kleine Vils, 3. eine Fils mit der Ortsnamenreihe Ober-, Mitter-, Unter-Fils im PB Wels-Land (O.-Ö.), 4. Vils, l. z. Lech mit dem Ort Vils im PB Reutte (Tirol). Ein fünftes Vorkommen des Namens lassen Erwähnungen eines Ortes bzw. einer Gegend *Nordfilusa* im 8. Jahrhundert vermuten. Trotz vierfacher Bezeugung des Namens in bairischen Zusammenhängen ist sich die Forschung bislang in der Lokalisierung von + Nordfilusa nicht einig.
Von großer Wichtigkeit, was die jetzt wieder offene Etymologie des Namens anbelangt, ist die Tatsache, daß es ein *Vils* genanntes Gewässer auch im Einzugsbereich der Lippe östlich von Lippstadt, also im ursprünglich sächsischen Stammesgebiet, gibt. Diese Verbreitung des Namens deutet auch wegen des anlautenden F- auf einen alten germanischen Namen hin. Es dürfte sich dabei um eine Ableitung mit s-Suffix von einem germanischen Wort **felu-*, **filu-*, **fili-* handeln, das „Sumpfwald" bedeutete und nur noch in Spuren, die sich im niederfränkischen Raum finden, zu greifen ist. Die ursprüngliche Bedeutung des Gewässernamens *Filusa* war demnach „Fluß mit Sumpfwald, am Sumpfwald".
Die Verbreitung des Namens erlaubt die Vermutung, daß elbgermanische Völkerschaften den Flußnamen *Filusa* gleichsam aus der Heimat mitbrachten und auch in das ehemals römische Herrschaftsgebiet hineintrugen. Bezogen auf die bairischen Vils-Namen dürfte es sich dabei um die schon als Föderaten ins römische Reich einbezogenen Germanen handeln, die als

Baiwarii, als „Leute aus Böhmen", dem späteren Stamm der Baiern den Namen gaben. Für das Gebiet um den Donau-Limes herum, etwa Regensburg abwärts, gibt es weitere Spuren von frühgermanischen Gewässer- und Siedlungsnamen, die in der Nachbarschaft von vorgermanisch-keltischen Namen vorkommen.
Ich könnte mir vorstellen, daß auf diese Weise auch das Nebeneinander von frühgermanischen und vorgermanischen Flußnamen diesseits und jenseits des Limes in Württemberg – wie wir vorhin gesehen haben – erklärbar ist. Besonders die Fils ist auf Grund der Parallelnamen mit großer Wahrscheinlichkeit ein Hinweis darauf, daß bereits elbgermanische Stämme, um nicht zu sagen Alemannen, Gewässer aus ihrer Sprache heraus benannt haben und nicht einen potentiellen vorgermanischen Namen wie in zahlreichen anderen Fällen übernommen haben.

*

Ich muß hier abbrechen. Die höchst interessanten Einblicke in die Hydronymie Württembergs und die daraus ableitbaren Schlüsse für die Siedlungsgeschichte sind durch zahlreiche verdienstvolle Forschungen, insbesondere aber durch die akribischen Forschungen von Lutz Reichardt möglich geworden. Dafür ist ihm die jetzige und die künftige Forschung zu großem Dank verpflichtet.

Literatur

GEIGER, THEODORA: Die ältesten Gewässernamenschichten im Gebiet des Hoch- und Oberrheins. In: BzN 14, 1963, S. 213–229; 15, 1964, S. 26–54, 123–141; 16, 1965, S. 113–136, 233–263.

GREULE, ALBRECHT: Vor- und frühgermanische Flußnamen am Oberrhein. Heidelberg 1973.

Derselbe: Kontinuität durch Wechsel. Zur Bewahrung römischer Siedlungsnamen in heutigen Flußnamen. In: „Dauer im Wechsel". Akten des namenkundlichen Symposiums auf dem Weißenstein bei Solothurn vom 21. bis zum 23. September 1995, hrsg. von Rolf Max Kully, Solothurn 1996, S. 117–126.

Derselbe: Kontinuität und Diskontinuität vorgermanischer Namen im Umfeld des Donau-Limes. In: NI, Beiheft 20, Studia Onomastica X. Namen im Text und Sprachkontakt. Karlheinz Hengst gewidmet. Leipzig 1999, S. 115–126.

IEW = Julius Pokorny: Indogermanisches etymologisches Wörterbuch. I. Band. Berlin und München 1959.

KAUFMANN, HENNING: Die mit Personennamen zusammengesetzten Fluß- und Ortsnamen auf „aha". München 1977.

KRAHE, HANS: Der Ortsname *Sulmo* und seine Verwandten. In: BzN 1, 1949/50, S. 180–187.

MAUCH, RAINER: Der Stiftungsbrief der Abtei Wiesensteig vom Jahre 861. In: Hohenstaufen – Helfenstein. Historisches Jahrbuch für den Kreis Göppingen, Band 6, 1996, S. 9–94.

NIERHAUS, ROLF: Zu den topographischen Angaben in der „Geographie" des Klaudios Ptolemaios über das heutige Süddeutschland. In: Fundberichte aus Baden-Württemberg, Band 6. Festschrift für Hartwig Zürn, Stuttgart 1981, S. 475 ff.

SCHMID, ANNELIESE: Das Flußgebiet des Neckar. Wiesbaden 1962 (Hydronymia Germaniae, Reihe A, Lfg. 1).

Dieselbe: Die ältesten Namenschichten im Stromgebiet des Neckar. In: BzN 12, 1961, S. 197–214, 225–249; 13, 1962, S. 53–69, 97–125, 209–227.

SNYDER, WILLIAM H.: Die rechten Nebenflüsse der Donau von der Quelle bis zur Einmündung des Inn. Wiesbaden 1964 (Hydronymia Germaniae, Reihe A, Lfg. 3).

SPRINGER, OTTO: Die Flußnamen Württembergs und Badens. Stuttgart 1930 (Tübinger germanistische Arbeiten, 11. Bd.)

Franz Quarthal

Der heilige Meinrad und der Sülchgau

An landschaftlich reizvoller Stelle, am Austritt des Neckars aus seinem engen Flußtal in eine weite siedlungsfreundliche Aue, an der sogenannten *„Porta Suevica"*,[1] liegt auch historisch einer der interessantesten Plätze unseres Landes. Menschen zu allen Zeiten wußten die verkehrsgünstige und fruchtbare Landschaft zu nutzen. Auf eine dichte stein- und bronzezeitliche Besiedlung folgten die Kelten, die eine der größten Nekropolen des Landes hier hinterließen, dann folgte mit dem *„saltus"* und der *„civitas"* Sumelocenna neben Ladenburg der wichtigste Verwaltungsmittelpunkt innerhalb des römischen Dekumatenlandes, und schließlich galt der Sülchgau als die Heimat des heiligen Meinrad, des Patrons der zentralen Wallfahrt des Herzogtums Schwaben. Um die Geschichte dieses Raumes haben sich viele bemüht, mittelalterliche Chronisten, Humanisten in ihrem Hunger nach Zeugnissen römischer Vergangenheit, der gelehrte und eitle Tübinger Professor Martin Crusius, der Rottenburger Chronist Lutz von Lutzenhardt, die ersten württembergischen Landeshistoriker wie Daniel Memminger, engagierte lokale Forscher, so der Rottenburger Domkapitular Ignaz Jaumann oder der Rottenburger Arzt Franz Paradeis und viele andere Mitglieder des Sülchgauer Altertumsvereins. Sprachhistoriker haben viel Fleiß auf die nicht unkomplizierte Klärung der aus keltischer, römerzeitlicher und mittelalterlicher Periode stammenden Ortsnamen im Rottenburger Raum verwandt. Die politischen Verhältnisse in diesem Raum, die aus römischem Besitz mittelalterliches Herzogs- und Königsland werden ließen, das an die Bistümer Bamberg und Speyer überging, das mit dem Verhältnis der frühmittelalterlichen Verwaltungsbezirke der Baaren und Huntaren Grundfragen der frühmittelalterlichen Herrschaftsgeschichte berührt und in seinen adeligen Herrschaftsträgern, den Unruochingern, den Hessonen, den Dillingern, den Herren von Rotenburg sowie den mit den Grafen von Zollern verwandten Hohenbergern alle wesentlichen Probleme der Genese des

[1] QUARTHAL, FRANZ, Das Land am oberen Neckar. Eine Einführung, in: DERS., Zwischen Schwarzwald und Schwäbischer Alb. Das Land am oberen Neckar (= Veröffentlichung des Alemannischen Instituts 52), Sigmaringen 1984, S. 7–12.

hochmittelalterlichen Adels im gleichen Raum berührt, haben sowohl etablierte Historiker wie lokale Amateurforscher immer wieder in ihren Bann gezogen, wobei die gefundenen Antworten ebenso widersprüchlich wie in ihrer wissenschaftlichen Begründung ungleichgewichtig waren. Dieses Geflecht an wissenschaftlich begründeter Argumentation und phantasievoller laienhafter Fabulierkunst zu durchdringen, ist nicht immer leicht.

Mein Beitrag zur heutigen Veranstaltung wird sich mit dem heiligen Meinrad und seiner Heimat beschäftigen. Er ist im engeren Sinn keine sprachwissenschaftliche oder sprachgeschichtliche Abhandlung. Inhaltlich geht es um die Vita eines karolingerzeitlichen Heiligen, eben des um 800 im Sülchgau geborenen Meinrad, der Mönch auf der Reichenau wurde und als Einsiedler in seiner Zelle am Platz des heutigen Klosters Einsiedeln in der Schweiz 861 ermordet wurde. Aus der Einsiedlerzelle entwickelte sich später die Abtei Einsiedeln, deren Mönche die Gebeine des Heiligen von der Reichenau holten und zur Verehrung in ihrer Klosterkirche niederlegten. Meinrad wurde dadurch neben Maria zum Hauptpatron Einsiedelns, des wichtigsten Wallfahrtsortes in Schwaben.

Der Sülchgau, der in der ältesten Vita Meinrads erstmals erwähnt wird und der sein Zentrum wohl beim heutigen Rottenburg hatte, hat wegen seines Namens und seiner Gestalt immer wieder das Interesse der Forschung auf sich gezogen. Die Deutung des Gaunamens und seine mögliche Herleitung aus römischen Wurzeln, *Sumelocenna* oder *Solicinum*, ist immer wieder Gegenstand historischer Überlegungen gewesen. Lutz Reichardt hat für die Deutung des Gaunamens sprachwissenschaftlich fundierte Lösungsvorschläge und zugleich die Haltlosigkeit vieler früherer Deutungsversuche sichtbar gemacht[2]. Da für die sprachliche Erklärung auch archäologische Befunde eine Rolle spielten, habe ich mit ihm eine kleinere briefliche Diskussion geführt. Darüber möchte ich heute berichten und ihm den folgenden Beitrag widmen.

Der Sülchgau gehört zu den kleineren der aus dem frühen Mittelalter überlieferten Gaue Alemanniens, die in fränkischer Zeit als Gerichtsbezirke eingerichtet worden waren. Die Grenzen des Sülchgaus lassen sich in etwa mit den Orten Dußlingen, dem Ortsteil Kirchheim des heutigen Kirchentellins-

2 Reichardt, Lutz, Sumelocenna, Sülchen, Ehingen und Rottenburg. Vier Ortsnamen im Bereich der Stadt Rottenburg am Neckar, in: Beitr. z. Namensforsch 17, 1982, S. 374–381; ders., Ortsnamenbuch des Kreises Tübingen (= VKgLkBW B 104), Stuttgart 1984, S. 89–92; ders., Ortsnamenbuch des Ostalbkreises, Teil II: M – Z (= VKgLkBW B 140), Stuttgart 1999, S. 330 f.

furt, Sülchen und vielleicht Ergenzingen umschreiben.[3] Er ist erstmals in der Vita des hl. Meinrad genannt[4] und hat sich über das Gebiet um Rottenburg sowie das Steinlach- und Starzeltal ausgebreitet.[5] In der ersten urkundlichen Nennung von 888 wird der Ort Dußlingen erwähnt als in der Grafschaft des Perchingar in der Hattenhuntare und im Sülchgau gelegen. Man hat daraus geschlossen, daß die Grenze zwischen Hattenhuntare und dem Sülchgau durch die „*Eparhardi villa quae dicitur Tuzzilinga*" gegangen sein könnte, während nach neueren Überlegungen Graf Perchingar für beide Gebiete zuständig gewesen sein könnte und die Urkunde keine Auskunft über die Grenze des Sülchgaus gibt.[6] Kirchheim und Sülchen bei Rottenburg sind sicher belegt, Ergenzingen, das im Codex Hirsaugiensis als in „*Sultzgowe*"

[3] Stälin, Christoph Friedrich von, Württembergische Geschichte, Teil 1: Schwaben und Südfranken von der Urzeit bis 1080, Neudr. d. Ausg. Stuttgart 1841, Aalen 1975, S. 310; Zeller, J., Sumelocenna, Sülchen, Rottenburg a. N., in: Reutlinger Gesch. Bll. 17, 1906, S. 53–63, 65–81; Baumann, Franz Ludwig, Die Gaugrafschaften in Wirtembergisch Schwaben. Ein Beitrag zur historischen Geographie Deutschlands. Mit einer Karte, Stuttgart 1879, S. 129; Borgolte, Michael, Geschichte der Grafschaften Alemanniens in fränkischer Zeit (= Vorträge und Forschungen, Sonderband 31), Sigmaringen 1984, S. 129, 136 f., 138; Jänichen, Hans, Geschichtliche Grundlagen. Vom Früh- zum Hochmittelalter, in: Der Landkreis Tübingen. Amtliche Kreisbeschreibung, Bd. 1, Tübingen 1967, S. 202–206; Kittelberger, Gerhard, Sülchen, in: Tübingen und das Obere Gäu (= Führer zu archäologischen Denkmälern in Deutschland 3), Stuttgart 1983, S. 199–202; Lorenz, Sönke, Staufer, Tübinger und andere Herrschaftsträger im Schönbuch, in: Sönke Lorenz und Ulrich Schmidt (Hrsg.), Von Schwaben bis Jerusalem. Facetten staufischer Geschichte (= Veröff. d. Alem. Inst. 61), Sigmaringen 1995, S. 285–320, hier S. 295–298; Schneider, Wilhelm, Beiträge zur frühen Geschichte von Rottenburg, in: Ders., Arbeiten zur alemannischen Frühgeschichte H. 20, Tübingen, 1993, S. 1–14 u. 92–99.

[4] Vita S. Meginrati 445 c. 2, Sanct Meinrad S. 26. Zur Überlieferung der Vita Meinrads vgl. Klüppel, Theodor, Reichenauer Hagiographie zwischen Walahfrid und Berno. Mit einem Geleitwort von Walter Berschin, Sigmaringen 1980, S. 45–47.

[5] Jänichen, Hans, Der Heilige Meinrad und der Sülchgau, in: ders., Herrschafts- und Territorialverhältnisse um Tübingen und Rottenburg im 11. und 12. Jahrhundert (= Schriften zur südwestdeutschen Landeskunde 2), Stuttgart 1964, S. 76–79; ders., Geschichtliche Grundlagen, S. 202–206; Baur, Adalbert, Beiträge zur Kirchengeschichte der Stadt Rottenburg. Teil 1: Geschichte der Pfarreien und deren Einrichtungen, in: Rottenburger Jahrbuch 1, 1982, S. 173–198; Borgolte, Michael, Geschichte der Grafschaften, S. 129; Holzherr, Carl, Zur Vorgeschichte der Stadt Rottenburg a. N. Über Sumelocenna, Solicinium, Sülchen, Landskron, in: Reutlinger Gesch. Bll. 5, 1894, S. 33–36, 49–54, 73–77, 89–93; 6, 1895, S. 1–4, 17–21; Zeller, J., Sumelocenna, S. 53–63, 65–81; Kittelberger, Gerhard, Sülchen, in: Tübingen und das Obere Gäu, S. 199–202.

[6] Stälin, Christoph Friedrich von, Württembergische Geschichte, Teil 1, S. 310; Borgolte, M., Die Grafschaften, S. 129.

gelegen aufgeführt wird, wird nach einer Konjektur dem Sülchgau zugeschrieben. Nach dem 12. Jahrhundert enden die Belege für den Sülchgau. Die Tatsache, daß der Sülchgau seinen Namen nach der villa Sülchen tragen sollte – in der ältesten Fassung der Meinradsvita hieß es, Meinrad sei „*in Alemannia pago, quem ex villa Sulichgovve vocavit antiquitas*" – und Sülchen die Mutterkirche Rottenburgs war, spielte für die lokale Rottenburger Forschung im 19. Jahrhundert eine große Rolle. Im Jahre 1852 wurde im Zusammenwirken von Hans Carl Freiherr von Ow und dem Altertumsforscher, Domdekan und Kapitelsvikar Ignaz von Jaumann von Rottenburger Bürgern der „*Hohenberg'sche Altertumsverein zu Rottenburg a. N.*" gegründet. Dessen Ziel war es, auf der Burg Alt-Rotenburg den Hohenbergern eine Denksäule in Form eines Aussichtsturmes verbunden mit eine Halle zur Aufbewahrung der zahlreichen in und bei Rottenburg gefundenen Altertümer zu errichten. Das Denkmal war schwierig zu finanzieren, so daß sich die Ausführung längere Zeit hinzog. Ende der sechziger Jahre trat das Gedenken an die Hohenberger zurück. Statt dessen sollte der Turm dem Gedenken aller Minnesänger und – nach dem siegreichen Ende des deutsch-französischen Krieges von 1870/71 – der Erinnerung an deutschen Kriegsruhm dienen.[7] 1869 wurde auch der Name des Vereins in „*Sülchgauer Altertumsverein*" geändert. Die bis dahin im Vordergrund des Vereinsinteresses stehenden Hohenberger mußten zurücktreten hinter einer allgemeinen Verehrung mittelalterlichen Ritter- und Sängertums. Der Name „*Sülchgau*", der in dieser Zeit mehrfach etymologisch falsch noch mit dem Namen der römerzeitlichen Siedlung in Rottenburg „*Sumelocenna*" in Verbindung gebracht wurde, bot sich trotz seiner seltenen mittelalterlichen Verwendung als Bindeglied sowohl für auf das Altertum als auch auf das Mittelalter zielende historische Bestrebungen an.

Rottenburgs römische Vergangenheit, die seit der Zeit des Humanismus gelehrte Altertumsforscher beschäftigte,[8] hatte seit dem Beginn der neueren

7 Geppert, Karlheinz, „Die Kontinuität zwischen Vergangenheit und Gegenwart immer besser zu erkennen und zu verstehen". Annäherungen an die ersten 100 Jahre eines Altertumsvereins, in: Der Sülchgau 34, 1990, S. 29–60, hier S. 32 f.

8 Quarthal, Franz, Mittelalterliche Städte auf römischer Grundlage. Zur Frage der Kontinuität in Südwestdeutschland, In: Zeitschrift für die Geschichte des Oberrheins 135 (1987). S. 24–37; Heiligmann, Karin, Sumelocenna – Römisches Stadtmuseum Rottenburg am Neckar (= Führer zu archäologischen Denkmälern in Baden-Württemberg 18), Stuttgart 1992, S. 16–19; Zeller, Joseph, Andreas Rüttel aus Rottenburg. Ein Beitrag zur Geschichte der Erforschung der römischen Altertümer Württembergs, in: WVjH NF 18, 1909, S. 241–252 und NF 19, 1910, S. 444–446; Kempf, Karl, Römerforschung in Rottenburg vom Humanismus bis zum Historismus, in: Der Sülchgau 25, 1981, S. 6–20.

Römerforschung in Württemberg einen bedeutenden Aufschwung genommen.[9] Erste Verbindungen von Sülchen und Samulocenae hatte der Altmeister der württembergischen Landesgeschichtsforschung, Johann Daniel Gottlieb Memminger, 1825 gezogen.[10] Die Benennung *„Samulocenna"* wird in der letzten Darstellung der römischen Befundsituation in Rottenburg von der Bearbeiterin nicht mehr als ältere Form von Sumelocenna, sondern als schlichte Verschreibung und damit als keine alte Namensform aufgefasst.[11] Nach mehrfachen Berichten in den Württembergischen Jahrbüchern[12] veröffentlichte Jaumann im Jahre 1840 eine Zusammenfassung seiner Grabungsergebnisse in dem Band *„Colonia Sumelocenne"*.[13] Jaumann gelang der zweifelsfreie Nachweis, daß es sich bei dem Rottenburger Siedlungsplatz um *„Sumelocenne"* handelte, was Leichtlen schon vermutet hatte, aber nicht belegen konnte.[14]

Da Jaumann jedoch von „Freunden", Professor J. S. von Drey, Domkapitular J. N. von Vanotti und dem Rottenburger Weber J. Manz, die seine Begeisterung für römische Altertümer in Rottenburg ausnützten, gefälschte Funde untergeschoben wurden, deren Inschriften Jaumann arglos mitpublizierte,[15] verwarf Mommsen in einer scharfen Kritik dessen gesamte Ergebnisse einschließlich seiner echten Funde, so daß die Anerkennung der

[9] LEICHTLEN, ERNST JULIUS, Forschungen im Gebiete der Geschichte, Altertums- und Schriftenkunde Deutschlands, Bd. 1, H. 4: Schwaben unter den Römern, in 2 Karten dargestellt nebst Untersuchungen über die Oberdonaustraße der Peutinger-Tafel von Windisch bis Regensburg, insbesondere über die Hauptstadt Samulocenae, Freiburg 1825; LEICHTLEN, ERNST JULIUS, Über Samulocennae. Aus einem Briefe an Prof. Memminger vom 11. Mai 1826, in: WJbb 1825, 1 [ersch. 1826], S. 215–220. Zur Forschungsgeschichte insgesamt vgl. GAUBATZ-SATTLER, ANITA, Svmelocenna. Geschichte und Topographie des römischen Rottenburg am Neckar nach den Befunden und Funden bis 1985 (= Forschungen und Berichte zur Vor- und Frühgeschichte in Baden-Württemberg 71), Stuttgart 1999, S. 20–32.

[10] MEMMINGER, JOHANN DANIEL GOTTLIEB, Über den Sulichgau und Samolucenae, in: WJbb 1825,2, S. 433–444

[11] GAUBATZ-SATTLER, Svmelocenna, S. 33.

[12] WJbb1830, 1 S. 120–129, WJbb 1831,2 , S. 94–102, WJbb 1833, 2, S. 341–351, WJbb 1836, 1, S. 202, WJbb 1837, 1, S. 201 f.

[13] JAUMANN, IGNAZ, Colonia Sumelocenne. Rottenburg am Neckar unter den Römern. Mit Rücksicht auf das Zehntland und Germanien überhaupt. Mit 28 Lithographien, Stuttgart 1840.

[14] LEICHTLEN, E. J., Schwaben S. 122 ff.

[15] ZELLER, J., Über Sumelocenna, S. 54; GAUBATZ-SATTLER, Svmelocenna, S. 23.

Rottenburger Grabungsergebnisse auf Jahre zurückgeworfen wurde,[16] trotz weiterer Publikationen von Jaumann.[17]
Auf der Peutingerischen Tafel lautet der Name der Siedlung „*Samulocenis*". In der mittelalterlichen Kosmographie des Geographen von Ravenna, bei dem Quellenwert und zeitliche Stellung seiner Vorlagen umstritten sind, wird in der Rubrik „*patria Suavorum, que et Alamannorum patria*" der Name „*Solist*" aufgeführt, der sprachlich nicht erklärt ebenfalls auf *Solicinium* zurückgeführt wird.[18]
Während Jaumann noch von zwei Siedlungsplätzen ausging, nämlich Sumelocennna = Rottenburg, und dem Peutingerischen *Samulocenis,* das er mit einem Ort auf dem rechten Donauufer, etwa Meßkirch, identifizierte, war Leichtlen bereits 1825 von einer Identität von Sumelocenna, Samulocenis und dem sprachlich postulierten romanischen Solicinium ausgegangen.
Solicinium ist der Ort, an dem nach Ammianus Marcellinus Kaiser Valentinian im Jahre 368 eine von den Alamannen besetzte Anhöhe erstürmte.[19] Er wurde unterschiedlich lokalisiert und dabei auch sprachlich kaum haltbar mit Sulz gleichgesetzt, aber auch aus geographischen Gründen wegen des Zusammenhangs mit den anderen für den Feldzug genannten Orten in die Nähe von Heidelberg verlegt.[20] Schnetz, der sich mit den rechtsrheinisch gelegenen Orten in der Kosmographie des Geographen von Ravenna befaßte, entschied sich aus „sprachlichen" Gründen für den Zollern bei Hechingen.[21] Ihm erschien es wahrscheinlich, daß das „*Solist*" des Geographen von Ravenna „*Solici*" heißen müsse, das wiederum aus einem verlesenen „*Solire*" hervorgegangen wäre und sprachlich mit „*Solicinium*" identisch sei. „*Solire*" aber führte er auf „*Zollern*" weiter. Andere – so meh-

[16] MOMMSEN, THEODOR, Berichte über die Verh. d. k. sächs. Ges. d. Wiss. zu Leipzig, Phil. Hist. Kl. 4, 1852, S. 188 f.

[17] JAUMANN, IGNAZ, Neuere zu Rottenburg am Neckar aufgefundene römische Altertümer. Ein Nachtrag zu Colonia Sumelocenne, Stuttgart 1855.

[18] QUARTHAL, F., Mittelalterliche Städte, S. 26; LIEB, H., Bodman und der Anonymus Ravennas, in: H. BERNER (HRSG.), Bodman. Dorf. Kaiserpfalz. Adel, Bd. 1, Sigmaringen 1977, S. 153–159.

[19] Ammianus Marcellinus XXVII 10, 8 ff. (Quellen zur Geschichte der Alamannen von Cassius Dio bis Ammianus Marcellinus. Übers. v. CAMILLA DIRLMEIER. Durchges. u. mit Anm. versehen v. Gunther Gottlieb (= Quellen zur Geschichte der Alamannen 1), Sigmaringen 1976, S. 76; HOLZHERR, C., Zur Vorgeschichte, in: RGBll 6, 1895, S. 1–3; RIESE, A., Das Rheinische Germanien in der antiken Literatur, Leipzig 1862, S. 305.

[20] Quellen zur Geschichte der Alamannen, S. 76, Anm. 152; HOLZHERR, C., Zur Vorgeschichte, in: RGBll 5, 1894, S. 91–93; 6, 1895, S. 2.

[21] SCHNETZ, J., Die rechtsrheinischen Alemannenorte des Geographen von Ravenna, in: Archiv des historischen Vereins für Unterfranken 60, 1918, S. 1–79, hier S. 67–76.

rere Rottenburg verbundene Forscher – identifizierten den Ort mit Sülchen bei Rottenburg.[22] Sie faßten *„Solicinium"* als eine romanisierte Form des keltischen oder frühgermanischen Namens *„Sumelocenna"* auf. Bei der Anhöhe solle es sich um den Wurmlinger Berg gehandelt haben, dessen kleine, wasserlose Höhenkuppe aber als sinnvoller Verteidigungsplatz sicher nicht in Frage kommt.[23] In der von den barbarischen Alemannen zerstörten Stadt, wo Valentinian 368 die Spuren einer ehemaligen römischen Kolonie fand, die er nach dem Bericht des Quintus Aurelius Symachus nach Altrip bei Ludwigshafen transferierte und dort prächtig wiederaufbaute,[24] sah bereits Mommsen die *Civitas Sumelocenne*, auch wenn sich das Altrip nahegelegene Ladenburg wesentlich besser geographisch dafür anbot. Wenig später aber wurde diese Deutung allgemein aufgegeben.[25]

Sprachgeschichtlich sei Sumelocenna nach älterer Ansicht zusammengesetzt aus dem keltischen Wort *„Sumelis"*, dem Namen einer Gottheit, und *„cenna"*, irisch *cenn, kenn, kin* = Gipfel, Haupt, auch Gebirgswald; das Wort bedeute also „Sumelisgipfel".[26] In der letzten Publikation über Sumelocenna wird der Name von Sumelogenos hergeleitet, das mit „Sohn des Gottes Sumelo" zu übersetzen wäre. Dieser Gott, der sonst nicht bekannt ist, wird als lokale Gottheit erklärt.[27]

Die römische Civitas Sumelocenna ist in der Völkerwanderungszeit untergegangen und erscheint in den schriftlichen Quellen erst wieder, als innerhalb ihrer Mauern 1280 Graf Albrecht von Hohenberg *„inter ruinas"* die *civitas Rotinburch* gründete.[28]

Die im 10. Jahrhundert genannte *„villa Sülchen"*, die nach dem Zeugnis der Vita des heiligen Meinrad dem Sülchgau den Namen gab, war ihrer Rechts-

22 So Leichtlin, Jaumann, Chr. Fr. Stählin, K. Christ, Th. Mommsen, Paulus und P. Stälin (vgl. Holzherr, C., Zur Vorgeschichte, in: RGBll 6, 1895, S. 2).

23 Paradeis F. J., Sumelocenna Sülchen Landskron, Rottenburg 1935, S. 64 ff. Zu Wurmlingen vgl. Köhler, Joachim, Die Wurmlinger Kapelle als Pfarr- und Wallfahrtskirche, in: Die Wurmlinger Kapelle. Sage, Geschichte, Dichtung, Kunst. Hrsg. v. Joachim Köhler und Dieter Manz, Sigmaringen 1985, S. 7–25.

24 MGH AA VI, 1, ed. O. Seeck, 1883, S. 325–327.

25 Zeller, J., Sumelocenna, S. 62 mit weiterer Literatur.

26 Holzherr, Carl, Zur Vorgeschichte, 5, 1894, S. 34; vgl. auch Zeller, J., Sumelocenna, S. 54 f. Bei einer Kritik der sprachlichen Herleitungsversuche des 19. Jahrhunderts muß man ehrlicherweise auch die wenig zureichenden sprachlichen Hilfsmittel in Betracht ziehen, die den damaligen Forschern zur Verfügung standen.

27 Holder, A., Alt-celtischer Sprachschatz I–III, Leipzig 1904 (Neudr. Graz 1962), Bd. II, S. 1666 f.; Gaubatz-Sattler, Svmelocenna, S. 34.

28 Quarthal, F., Mittelalterliche Städte, S. 28–34

natur nach mittelalterliches Herzogs- bzw. Königsgut wie zahlreiche andere Römerkastelle oder -orte in Südwestdeutschland. Auch dies verlockte, nach einer Kontinuität der Namensformen Solicinium und Sülchen zu suchen.[29] Im Sülchgau gab es zu Ende des 8. Jahrhunderts einfache Adlige wie die Eltern des heiligen Meinrad. Perengar und Eberhard hatten 888 als Grafen Besitz im Sülchgau und der Hattenhuntare, ohne wohl Grafen in diesen beiden Gauen gewesen zu sein; auch sind sie genealogisch nicht weiter zu verorten.[30] Im Jahre 1007 wird der Sülchgaugraf Hesso in einer Urkunde erwähnt, in der König Heinrich II. den Ort Kirchheim dem neugegründeten Bistum Bamberg schenkte. Das gesamte Königsgut im Sülchgau in der Grafschaft Hessos wurde mit allem Zubehör 1057 von König Heinrich an die bischöfliche Kirche von Speyer geschenkt. Die Speyrer Kirche gab wegen der großen Entfernung die Güter dem Grafen zu Lehen und vertauschte zwischen 1127 und 1147 einige Güter mit dem Kloster Hirsau. Hezzo wurde 1061 getötet. Einer seiner Verwandten, „*Dominus Ezzo de Sulichin*" erscheint als Zeuge im Hirsauer Formular von 1075. Ein Ezzo und sein Sohn Sigehard von Wolfsleben besaßen Güter im Sulichgau, in Wurmlingen und in Schadenweiler bei Rottenburg, die sie an Hirsau übergaben. In den gleichen Verwandtschaftskreis dürfte der Speyrer Bischof Siegefridus (1126–1146) gehören, der Hirsau eine Mühle bei Sulichin schenkte. Ob Adalbert von Rotenburg und sein Sohn Conrat, die ebenfalls zum Hirsauer Schenkerkreis gehörten, die Herren von First bei Öschingen und die Herren von Entringen, die reiche Lehen von Speyer hatten und mehrere Mitglieder des Speyrer Domkapitels stellten, in den gleichen Verwandtschaftskreis gehörten, ist noch zu überprüfen.[31] Über die Hessonen konstruierte Ludwig Schmid einen Bezug zu den Grafen von Ortenberg im Elsaß. Von Gertrud von Ortenberg als Stammutter der Zollerngrafen hätte dann genealogisch ein Weg zu den Zollern geführt. Dies galt als Beleg für das spätestens seit dem 16. Jahrhundert immer wieder behauptete Faktum, daß der heilige Meinrad aus dem Sülchgau ein Vorfahr des Hauses Zollern gewesen sei.[32]

[29] Sulichi (Vita S. Meginrati); Sulicha (Anf. 10. Jh.), Sulicha (1057), Sulichin (1075), Sulchen (1264, 1284, 1296), Sülchen (in deutschen Urkunden) 1296, 1304, 1332, 1338 (Belege bei HOLZHERR, C., Zur Vorgeschichte, in: RGBLL 6, 1895, S. 3; REICHARDT, L., Ortsnamenbuch Tübingen, S. 91 f.

[30] BORGOLTE, M., Die Grafen Alemanniens in merowingischer und karolingischer Zeit. Eine Prosopographie, Sigmaringen 1986, S. 66 f.; 99.

[31] JÄNICHEN, H., Herrschafts- und Territorialverhältnisse, S. 1–47; DERS., Geschichtliche Grundlagen, S. 202–206.

[32] Vgl. Anm. 59.

Sprachgeschichtlich sind die bisherigen Herleitungs- wie die Deutungsversuche für den Jubilar Reichardt ein „quälender Nonsens", und mehr oder minder unqualifizierte Bemühungen sprachwissenschaftlicher „Nobodys".[33] Gerechterweise muß man aber anerkennen, daß die sprachgeschichtlichen Hilfsmittel für die ersten Erklärungsversuche während der ersten Hälfte des 19. Jahrhunderts mehr als dürftig waren. Für den Historiker ist von Interesse, daß diese Deutungsversuche im weiteren Verlauf der Erforschung der römerzeitlichen und mittelalterlichen Vergangenheit Rottenburgs ein Eigengewicht entwickelt und für das Selbstverständnis der Lokalhistoriker eine Wirksamkeit entfaltet haben. Ohne die „sprachgeschichtliche" Verbindung von *Sumelocenna – Solicinium – Solist – Sülchen* wäre der Name *„Sülchgauer Altertumsverein"* kaum denkbar gewesen.

Es galt im 19. Jahrhundert – wie oben dargelegt – als sicher, daß neben der keltischen Ortsnamenform *Sumelocenna* die romanisierte Form *Solicinium (Solicomnum)* bestanden habe, die auf ein Heiligtum, eine Stätte des Sonnenkultes hindeute. Daraus sei später durch die im Munde der Alemannen gewöhnliche Aspiration des c oder k und durch Abwerfung der lateinischen Endung -um der mittelalterliche Name *„Sulikin, Sulchin"* entstanden, heute die Bezeichnung für die Friedhofskirche bei Rottenburg.[34] Damit war die Brücke geschlagen, die Erforscher der römischen wie der mittelalterlichen Vergangenheit unter einem Namen einen konnte.

Reichardt deutet den Namen *Sumelocenna* als ein Kompositum aus dem Eigennamen **Sumelos* und einem bislang ungeklärten Grundwort *-cenna*, das in Analogie zu der Bildung des Siedlungsnamens *Nemetocenna* als „Nachkommenschaft des **Sumelos*" zu deuten sei, womit der Ortsnamentyp eine ähnliche Ableitung wäre wie die alemannischen *-ingen*- Orte.

Bei Sülchen, der frühmittelalterlichen Vorgängersiedlung Rottenburgs – von Sumelocenna ca. fünf Kilometer entfernt – wies Reichardt zu Recht die noch im 20. Jahrhundert versuchte Ableitung von Sumelocenna zurück.[35] Die bisher diskutierten *„Solicinium"*-Nennungen der Antike sind aber – wie oben dargelegt – mit Sicherheit nicht auf Sülchen zu beziehen.[36] Sprachlich aber müßte Sülchen als aus der Antike überlieferter Ortsname von **Solic -īnum* oder von **Solici -ānum* abgeleitet sein. Reichardt ging zunächst davon aus,

[33] Reichardt, Lutz, Sumelocenna, S. 374–381 und brieflich an den Verfasser.

[34] Holzherr, C., Zur Vorgeschichte, S. 34.

[35] Reichardt, L., Sumelocenna, S. 377; Schnetz, J. Rotenburgs alter Name, Zeitschrift für celtische Philologie 13, 1921, S. 93–100, 367–369, Weisgerber, Leo, Rhenania Germano – Celtica. Gesammelte Abhandlungen, Bonn 1969, S. 55.

[36] Vgl. auch Reichardt, L., Sumelocenna, S. 378.

daß die Siedlung im Anschluß an einen römischen Gutshof entstanden sei, dessen Name sich aus dem römischen Gentilnamen *Solicius* und dem die Zugehörigkeit bezeichnenden Suffix lat. *-īnus/a/um* oder *-ānus/a/um* gebildet sei. Die Entwicklung zu *Sülchen* erfolgte lautgesetzlich.[37]
Bei einer umfangreichen Siedlungsgrabung im Zuge des Baus einer Umgehungsstraße im Osten von Rottenburg in den achtziger Jahren ergaben sich jedoch so gut wie keine römischen Funde im Gelände des großen mittelalterlichen Dorfes Sülchen.[38] Im Bereich des Sülchenfriedhofes wurden neben mehreren Steindenkmälern auch mehrere Münzen zu verschiedenen Zeiten ohne Befundzusammenhang geborgen. 1846 wurden „Bruchstücke römischer Bauten" erwähnt, doch konnten bislang keine Mauerbefunde erfaßt werden, so daß die Funde von 1846 auch in sekundären Zusammenhängen aufgefunden worden sein können. Paret schloß auf Grund dieser Erwähnungen, daß die Sülchenkirche an der Stelle eines römischen Bauwerkes stehe. Dies ist nicht unwahrscheinlich, doch konnte bislang der Nachweis dafür nicht erbracht werden. Er wäre auch schwierig zu führen, da das Friedhofsgelände seit Jahrhunderten umgegraben wird und ältere Befunde mit Sicherheit seit langem zerstört sind. Allerdings wurden sowohl bei dem Einbau der Bischofsgruft unter der Kirche in der erste Hälfte des 19. Jahrhunderts als auch bei Friedhofserweiterungen im 20. Jahrhundert keine Spuren von römischen Bauten gesichert. Auch die Annahme eines befestigten Platzes aus der Zeit um 500, die sich lediglich auf die Erwähnung des Ortsnamens *„Solist"* in der vom Geographen von Ravenna überlieferten ostgotischen Liste fester inneralemannischer Plätze und deren sicher nicht zutreffenden Datierung durch Beyerle stützt, findet archäologisch bislang nicht die geringste Stütze.[39] Nach allem muß man derzeit davon aus-

[37] EBD., S. 377; DERS., Ortsnamenbuch Tübingen, S. 89–92.

[38] LUTZ, DIETER, Die Archäologie des Mittelalters, in: Archäologische Ausgrabungen in Baden-Württemberg 1984, S. 287–299 [Grabungsphoto Sülchen S. 197]; SCHMIDT, ERHARD, Die Notgrabung im Gebiet der Wüstung Sülchen auf Gemarkung Rottenburg, in: Der Sülchgau 26, 1982, S. 4–13; DERS., Webhäuser der Wüstung Sülchen auf Gemarkung Rottenburg am Neckar, Kreis Tübingen, in: Archäologische Ausgrabungen in Baden-Württemberg 1983, S. 215–217; DERS., Neue Grabungsbefunde der abgegangenen Siedlung Sülchen auf Gemarkung Rottenburg, Kreis Tübingen, in: Archäologische Ausgrabungen in Baden-Württemberg 1989, S. 271–274; DERS., Die bauliche Entwicklung vom Grubenhaus zum unterkellerten Wohngebäude in der Wüstung Sülchen auf der Gemarkung Rottenburg, in: Archäologische Ausgrabungen in Baden-Württemberg 1985, S. 201–203; DERS., Archäologische Untersuchungen im Siedlungsgebiet des abgegangenen Dorfes Sülchen auf Gemarkung Rottenburg, in: Der Sülchgau 33, 1989, S. 13–22; GAUBATZ-SATTLER, Svmelocenna, S. 433.

[39] EBD., S. 433 und 235, JÄNICHEN, H., Geschichtliche Grundlagen, S. 200, 202.

gehen, daß im Bereich *„Sülchen"* keine römische Villa oder sonstiger Großbau stand, dessen Namen auf eine frühmittelalterliche alemannische Siedlung hätte übergehen können.
Hierüber hatte ich mit dem Jubilar korrespondiert, der daraufhin die These von der romanischen Herleitung des Namens Sülchen aufgab und den Ortsnamen Sülchen nunmehr von germanischen Sprachwurzeln her deutet.[40] Das Ausgangswort war ahd. Sulī(c)ha (Nominativ)/Sulī(c)hen (Dativ) < germ. *Sulīka < Sul -līka-, einem schwach flektierten Adjektiv in einer substantivierten Form mit der Bedeutung, „das Sumpfige/beim Sumpfigen". Als Ableitungsbasis diente das schon früher ins Spiel gebrachte germ. **sul-*, ahd. *Sul, sol* ‚sumpfige Stelle, Suhle, Lache'. Die weitere Entwicklung zu *„Sülchen"* erfolgte lautgesetzlich.[41]
Die früheren Gewässerverhältnisse im Bereich der ehemaligen villa Sülchen sind durch die in Mittelalter und Früher Neuzeit üblichen Verlagerung des Neckarbettes nur schwer zu rekonstruieren. Sumpfige Stellen und kleinere Bäche gibt es in der Nähe von Sülchen bis heute. Die Mühle in Sülchen, die der Speyrer Bischof Siegefridus zwischen 1126 und 1146 dem Kloster Hirsau schenkte, deutet darauf hin, daß durch die Siedlung Sülchen wesentlich stärkere Wasserläufe flossen als heute, so daß die sprachliche Ableitung des Ortsnamens von „feuchter Stelle" auf Grund der topographischen Verhältnisse einen guten Sinn macht.
Nach dieser sprachgeschichtlichen Klärung des Namens der Heimat des einzigen Sülchgauheiligen soll er nun selbst in den Blick genommen werden.

1. Zeugnisse der Verehrung des heiligen Meinrad

In der „Litanei zu den Heiligen unserer Heimat" im lokalen Teil des „Gotteslobes" für die Diözese Rottenburg werden als regionale Heilige angerufen:

> „Heilige Maria, du Mutter der Kirche, Patronin des Erzbistums Freiburg, hoch verehrt in unserer Heimat,
> Heiliger Bischof Kilian und ihr, seine Gefährten, Glaubensboten im Frankenland,

[40] Briefliche Mitteilung von Herrn Lutz Reichardt vom 19.1.1996.
[41] Reichardt, Lutz, Ortsnamenbuch des Ostalbkreises, Tl. 2, (VKgLkBW B 140), Stuttgart 1999, S. 331.

Heiliger Meinrad von Sülchen, Mönch der Reichenau und Blutzeuge in Einsiedeln ..."[42],

bevor die Heiligen Trudpert, Landelin, Fidelis von Sigmaringen, Papst Leo IX., der heilige Martin, der heilige Pirmin, der heilige Harilolf von Ellwangen, der heilige Ulrich von Augsburg, der heilige Konrad von Konstanz, der heilige Gebhard von Konstanz, der heilige Wolfgang und viele andere folgen. Auch im Wortgottesdienst zum Fest des Rottenburger Diözesanpatrons Martin[43] folgt auf die Anrufung des heiligen Martin nach dem heiligen Kilian der heilige Meinrad an prominenter Stelle vor den Heiligen Ulrich, Konrad, Gebhard, Wolfgang, Gallus, Magnus, Heinrich Seuse, Jakob Griesinger, Karlo Steeb, der Heiligen Irmengard von Buchau und der guten Beth von Reute.[44]

Obwohl also seine regionale Verehrung in der Rottenburger Diözese vor Augen liegt, obwohl im Rottenburger Dom eine der Präbenden seinen Namen trägt und dort bis vor nicht allzu langer Zeit – bis 1958 – ein ihm geweihter Altar stand, obwohl er in dem Schweizer Kloster Einsiedeln, das einmal der zentrale Wallfahrtsort für Schwaben war, als Gründer hoch verehrt wird, erscheint der heilige Meinrad im Vergleich zu anderen Heiligen zunächst als kein sehr populärer und nördlich des Bodensees außer in Rottenburg in den zollerischen Landen und in Saulgau – die Gründe dafür sind noch zu erörtern – nur wenig bekannter Heiliger.[45]

Noch während des Mittelalters wurden südlich des Bodensees, im Einflußbereich des Klosters Einsiedeln, dem heiligen Meinrad rund zwanzig Kirchen und Altäre geweiht.[46] Im Bodenseeraum und in Oberschwaben war die mittelalterliche Verehrung Meinrads geringer. Um 1039 entstand auf der Reichenau, deren Mönch der heilige Meinrad war, eine Meinrads-

[42] Gotteslob. Katholisches Gebet- und Gesangbuch. Ausgabe des Bistums Rottenburg mit dem gemeinsamen Eigenteil für die Diözesen Freiburg und Rottenburg. Hrsg. von den Bischöfen Deutschlands und Österreichs und der Bistümer Bozen-Brixen und Lüttich, Ostfildern 1975, S. 184.

[43] Ebd., S. 1079–1084.

[44] Ebd., S. 1082.

[45] RINGHOLZ, ODILO, Die Ausbreitung der Verehrung des Hl. Meinrad, in: Schweizerisches Archiv für Volkskunde 4, 1900, S. 85–130.

[46] Ebd. Der südliche Seitenaltar der Kirche des ehemaligen Augustinerklosters von Konstanz zeigt im Oberbild den Hl. Meinrad. Der im manieristischen Stil gearbeitete Altar aus dem Ende des 17. Jahrhunderts stammt aber aus der Schweiz, aus der abgebrochenen Michaelskirche in Zug, und ist damit ein weiteres Zeugnis der Meinradsverehrung südlich des Bodensees.

kapelle.[47] Meinradsreliquien wurden niedergelegt 1133 in Zwiefalten, 1172 in Weißenau und 1179 in Salem.[48] Für mittelalterliche Heilige ist dies eine sehr geringe Zahl. In einem auf 1483 datierten spätgotischen Flügelaltar unbekannter Herkunft findet sich eine Reliefbüste des Hl. Meinrad.[49]
In der Neuzeit haben besonders Benediktinerklöster, aber auch andere, Darstellungen des heiligen Meinrad immer wieder in das Bildprogramm ihrer Fresken und der Kirchenausstattung aufgenommen. Aus dem Kloster St. Georg in Stein am Rhein ist ein Glasfenster aus der Zeit um 1520 bekannt, das den heiligen Meinrad zeigt.[50] In der Barockzeit ließen die Zwiefaltener Mönche in ihrer neuen Abteikirche von 1748 im Deckenfresko Franz Joseph Spieglers, das die wichtigsten Marienverehrungsorte in Europa vorführt, den heiligen Meinrad zusammen mit dem Kloster Einsiedeln abbilden. Der Konvent der Reichenau widmete 1742 seinem Prior Maurus Hummel einen Kupferstich, der das Heiligblutreliquiar zeigte, umgeben von den Reichenauer Heiligen und Seligen, den Bischöfen Wolfgang, Pirmin, Egino, Ratold, dem Märtyrer Meinrad, den Äbten Alawich, Erlebald, Walahfrid Strabo und den Mönchen Hermann dem Lahmen und Wetti.[51] Im Chorgestühl des Prämonstratenserklosters Weißenau von 1635 findet sich der heilige Meinrad neben Petrus, Gallus, Nikolaus, Hieronymus, Dominikus und anderen. Die Prämonstratenser scheinen Meinrad überhaupt in ihrem Unterricht einen lebendigen Platz zugestanden zu haben. In der Fastenzeit des Jahres 1724 waren einige Studenten des Klosters Rot an der Rot von dem Vorbild der Einsiedler Johannes des Täufers, Pauls von Theben und Meinrads so angetan, daß sie beschlossen, im Wald bei Buxheim selbst als Einsiedler zu leben. Hunger und Kälte setzten ihnen aber so zu, daß sie sich gerne finden ließen und willig in ihr Kloster zurückkehrten.[52]

[47] Tüchle, Hermann, Dedicationes Constantinenses. Kirch- und Altarweihen im Bistum Konstanz bis zum Jahre 1250, Freiburg 1949, S. 125 f.

[48] Ebd., S. 126.

[49] Spahr, Gebhard, Oberschwäbische Barockstraße V. Von Überlingen bis Reichenau, Weingarten 1984, S. 216. Der Altar steht als Leihgabe des Rosgartenmuseums heute in der Christopheruskapelle des Konstanzer Münsters.

[50] Beschreibung zweier Glasgemälde auf Burg Hohenzollern, die aus dem Kloster Stein a. Rh. um 1520 stammen (Madonna mit St. Meinrad und Apostelfürsten mit Diözesanwappen), in: Schaffhauser Beiträge zur vaterländischen Geschichte 27, 1950, 136, 143.

[51] Spahr, G., Oberschwäbische Barockstraße V, S. 252.

[52] Spahr, G., Oberschwäbische Barockstraße III, Weingarten 1980, S. 41.

Die älteste Vita des heiligen Meinrad, die nur etwa 30 bis 40 Jahre nach seinem Tod im Kloster Reichenau entstand,[53] nannte als seinen Herkunftsort den Sülchgau, der von der „*villa*" Sülchen seinen Namen trage.
Die Frage, wo dieses Sülchen und damit die Heimat des heiligen Meinrad zu suchen sei, die – wie oben beschrieben – im Sinne von Sülchen bei Rottenburg entschieden wurde – war längere Zeit der Gegenstand von Kontroversen. Der Grund dafür liegt in der mundartlich gleichlautenden Form „Sulgen" für Saulgau (Kreis Biberach) und Sülchen bei Rottenburg. In der in den ersten Jahren des 16. Jahrhunderts verfaßten Chronik des Gallus Öhem war Meinrad bereits als Graf von Sulgen bezeichnet worden; durch das beigegebene Wappen von Saulgau mußte der Name auf die Stadt Saulgau bezogen werden.[54] Auf Grund dieser falschen Interpretation schon im 16. Jahrhundert, die dann lange weitergeschleppt wurde, wurde der Sülchgau mit Saulgau in Verbindung gebracht.[55] Dort galt der nahe Ort Schwarzach, ein Filial der Kirche in Mieterkingen, als Geburtsort des hl. Meinrad; dort wurde ihm auch eine Kapelle geweiht.[56] In Saulgau, dem nach dieser falschen Tradition vermeintlichen Hauptort des Sülchgaus, war ihm ein weiterer Altar geweiht.[57] Diese falsche Zuordnung wurde erstmals von Ernst Julius Leichtlen im Jahre 1825 bezweifelt und Sulgen auf Sumelocenna bezogen.[58] Leichtlen versuchte aber dafür, den seit dem 16. Jahrhundert immer wieder behaupteten genealogischen Zusammenhang der Hohenzollern mit dem heiligen Meinrad erneut ins Spiel zu bringen.

53 Stiftsbibliothek St. Gallen, HS NR. 577, fol. 19–23 (p. 45–53); vgl. Klüppel, T., Reichenauer Hagiographie, S. 45. In jüngerer Zeit wurde erwogen, ob die Urfassung der Vita Meinrads unmittelbar nach seinem Tode, noch unter Abt Waldharius († 864), entstanden sei (KLÜPPEL, TH., Reichenauer Hagiographie, S. 50).

54 Die Chronik des Gallus Öhem. Bearb. v. Karl Brandi (= Quellen und Forschungen zur Geschichte der Abtei Reichenau 2), Heidelberg 1893, S. 141 und Tafel III Nr. 64.

55 CRUSIUS, MARTIN, Annales Suevici, p. 15; Acta Sanctorum, ed. Johannes Bollandus T. II. 23. Jan, p. 282; HAHN, D., Historia Imperatorum, Pars I, p. 14; WEGELIN, JOHANN REINHARD, Thesaurus rerum Suevicarum [...], Lindau 1756, Pars Prima, S. 44 ; NEUGART, TRUDPERT, Codex diplomaticus Alemanniae et Burgundiae Trans-Iuranae intra fines Diœcesis Constantinensis, St. Blasien o. J., Nr. 204 und 581.

56 Liber decimationis cleri Constanciensis pro Papa de anno 1275, in: FDA 1, 1865, S. 112.

57 HOFFMANN, GUSTAV, Kirchenheilige in Württemberg (DWG 23), Stuttgart 1932, S. 285. Meinrad und St. Blasius als Patrone für Schwarzach, o. J.; Beschreibung des Oberamts Saulgau, hrsg. v. Memminger, Stuttgart-Tübingen 1829, S. 106 f., 121; vgl. HOFFMANN, GUSTAV, Kirchenheilige, S. 339. KREBS, M., Die Investiturprotokolle der Diözese Konstanz, enthält keine Hinweise auf Meinradspatrozinien.

58 Vgl. Anm. 9; MEMMINGER, JOHANN DANIEL GEORG. Über den Sulichgau und Samulocenae, in: WJbb 1825, 2 S. 433 f.

Ein Zentrum der Meinradsverehrung nördlich des Bodensees waren Kirchen und Kapellen im Einflußbereich der Grafen und Fürsten von Zollern, die, nach einer wohl schon im 16. Jahrhundert bekannten und vom Weingartener Benediktinermönch Gabriel Bucelin (1599–1681) aufgegriffenen Tradition, vom heiligen Meinrad abstammen sollten. Diese Überlieferung hat im Hause Zollern ein eigenes Gewicht bekommen und wurde über Jahrhunderte in der Familie lebendig gehalten und sowohl von wissenschaftlich seriösen wie von populären Publizisten und Historikern verbreitet.[59]
Ein Gebet zum heiligen Meinrad, überliefert in einer Handschrift der Kapitelsbibliothek Hechingen von 1558, läßt die frühe Meinradstradition in den zollerischen Landen deutlich werden.[60] Mit Fürst Meinrad (geb. München 1605, gest. Sigmaringen 30. Jan. 1681) wurde erstmals ein Angehöriger des Hauses auf den Namen Meinrad getauft, später waren es in der Linie Hohenzollern-Sigmaringen Joseph Friedrich Ernst Meinrad Karl Anton (geb. Sigmaringen 24. Mai 1702, gest. Haigerloch 8. Dez. 1769), in der Linie Hohenzollern-Hechingen Graf Meinrad Joseph Friedrich Karl, Domherr zu Köln und Konstanz, Pfarrer zu Veringendorf (geb. Freiburg i. Br. 21. Juni 1730, gest. Veringendorf 16. Sept. 1823). Wallfahrten von Angehörigen des Hauses wurden publizistisch gefeiert und verbreitet.[61] Predigten stellten die Beziehungen des Hauses zu dem Heiligen gebührend heraus.[62]

[59] SCHMID, LUDWIG, Die älteste Geschichte des erlauchten Gesamthauses der königlichen und Fürstlichen Hohenzollern, 3 Tle., Tübingen 1884–1888, Tl. 1, S. 72–88, 288, Tl. 2, S. 31–39, 42–44; DERS., Der heilige Meinrad in der Ahnenreihe des erlauchten Hauses Hohenzollern. Eine kritisch-historische Untersuchung; zugleich ein Beitrag zur Geschichte Schwabens, Sigmaringen 1874; HÖFKEN R. VON, Ein Heiliger, angeblich aus dem Stamme der Hohenzollern (St. Meinrad), in: Berliner Münzblätter 1902; PFEFFER, ANTON, Der Hl. Meinrad als Sproß des Sülchgaus und des Zollerngeschlechts. Eine neue Zollerntheorie, in: Hohenz. Volkszeitung 1929, Nr. 26; SCHÄFER, War der heilige Meinrad ein Graf von Zollern, o. O. u. J. (HS Fürstl. hohenz. Hofbibl. Sigmaringen Nr. 216); SCHNELL, FIDELIS VON, Der heilige Meinrad [betr. Seine Zugehörigkeit zum Hauses Hohenzollern], in: Historisch-statistische Zeitschr. für die beiden Fürstentümer Hohenzollern 2, 1845, S. 130–164; SCHNEIDER, JOSEF, Hohenzollern gedenkt 1961 seines bedeutendsten Sohnes, des heiligen Meinrad, in: HH 11, 1961, S. 34–37; Von Sülchen und dem Sulichgau (nach E. Julius Leichtlen). [Abstammung des Hauses Zollern und St. Meinrad], Wochenbl. für das Fürstentum Hohenzollern-Sigmaringen 17, 1825, 95 f., 110–112, 124.
[60] Ein Gebet zum Hl. Meinrad (aus einer Papierhandschrift der Kapitelsbibliothek Hechingen von 1558), in: Mitt. Hohenz. 52, 1918/19, S. 74 f.
[61] Zur Erinnerung an die Wallfahrt Sr. Hoheit des Fürsten Carl Anton von Hohenzollern-Sigmaringen nebst seiner erlauchten Familie zur St. Meinrads-Kapelle in Maria-Einsiedeln in der Schweiz am 21. Oktober 1859 [Gedicht], Sigmaringen: Tappen [1859].
[62] MOREL, GALL, Rede auf das Fest des heiligen Meinrad des ersten Bewohners und großen Beschützers von Einsiedeln. Gehalten in der Stiftskirche daselbst, den 21. Jänner 1861

Das Haus Hohenzollern weihte dem heiligen Meinrad die Schloßkapelle in Sigmaringen.[63] In der barocken, 1753 erneuerten St. Annakapelle in Haigerloch ließ der Bauherr Fürst Joseph Friedrich von Hohenzollern den heiligen Meinrad als einen der Ahnherren des Fürstenhauses auf dem linken Seitenaltar neben dem heiligen Fidelis auf dem rechten Seitenaltar darstellen. Beide waren schon 15 Jahre zuvor vom gleichen Fürsten als Patrone für die achteckige Josephskapelle auf dem Josephsberg bei Hedingen ausgewählt worden; die Figuren wurden von Johann Joseph Christian geschaffen.[64] Um 1840 ließ die Fürstin Amalie Zephyrine nördlich des Klosters Inzigkofen eine Meinradskapelle errichten.[65] Diese zollerische Haustradition wurde zu Ende des letzten Jahrhunderts nochmals lebendig, als der Kuppelbau der Chores der ehemaligen Franziskanerkirche in Hedingen, der neue Begräbnisplatz der Familie von 1889, mit einem Meinrad-Freskenzyklus ausgeschmückt wurde. Noch 1956 wurde in Sigmaringendorf eine neue Kapelle dem Hl. Meinrad geweiht.[66]

In neuerer Zeit wurde – wohl um 1920 – die zweite Rottenburger Dompräbende dem hl. Meinrad gewidmet; vermutlich handelt es sich dabei um die 1827 eingerichtete Schulpräbende.[67] Das 1854 von den Einsiedler Benediktinern im amerikanischen Staate Indiana begründete Kloster wurde nach St. Meinrad benannt.[68] Von Pfarrkirchen wurde nur die nach dem Zweiten

als den tausendsten Todestage seit dem Tode des Heiligen, Einsiedeln, New-York, Cincinnati, 1861; GAYER, ADOLPH, Festrede am St. Meinradstage, am 21. Januar 1884, gehalten in der fürstlichen Schloßkapelle zu Sigmaringen, Sigmaringen: Liehner [1884], 22 S. m. Abb.

63 MANZ, DIETER, Meinrad von Sülchen, in: DIETER MANZ, Rottenburger Miniaturen, Bd. 2, Rottenburg 1995, S. 213–217; hier S. 216.

64 OEHLER, HANS ALBRECHT, St. Anna-Wallfahrtskirche in Haigerloch (= Schnell Kunstführer 2176), Regensburg 1995, S. 1 und 12.

65 BERCKER, EDMUND, Die Kirchen-, Kapellen- und Altarpatrozinien im Kreis Sigmaringen, Tübingen, Phil. Diss 1966, (= Arbeiten zur Landeskunde Hohenzollerns 6) Sigmaringen 1967, S. 78

66 BERCKER, E., Die Kirchen- , Kapellen- und Altarpatrozinien, S. 129

67 Der Rottenburger Personalschematismus von 1905 verzeichnet vier Präbenden mit Titularheiligen und zwei, die beiden Schulpräbenden, ohne Namen. Es wäre zu untersuchen, ob eine der Schulpräbenden später den Namen St. Meinrad erhielt oder ob sie durch eine Zusammenlegung der anderen Präbenden entstand. Auf jeden Fall ist die Verbindung mit St. Meinrad erst nach 1905 hergestellt worden. (Freundliche Mitteilung von Herrn Dr. Janker, Rottenburg) Die Untersuchung der Geschichte der Rottenburger Präbenden insgesamt erscheint als eine lohnende Forschungsaufgabe.

68 St. Meinrad. Zum elften Zentenarium seines Todes 861–1961.

Weltkrieg errichtete katholische Pfarrei im ehemals altwürttembergischen Waldenbuch im Schönbuch dem Sülchgauheiligen dediziert.[69]

In Rottenburg war die Meinrad-Tradition lange Zeit in Vergessenheit geraten. Lediglich in der Kirche von Bad Niedernau gibt es eine Meinradstatue von etwa 1760, die der Werkstatt des Rottenburger Bildhauers Johann Martin Staiger entstammen dürfte. Die Niedernauer Kapelle war dem Rottenburger Stift St. Moriz inkorporiert, so daß die Anregung zur Anfertigung der Statue von dort ausgegangen sein könnte. Um 1875, anläßlich der Erneuerung der Sülchenkapelle, erhielt diese einen neugotischen Altar mit einem Bild des heiligen Meinrad.[70]

Erst die Erbauung des St.-Meinrad-Heimes, der späteren Rottenburger Musikschule, in den späten zwanziger Jahren des 20. Jahrhunderts machte den Namen des Heiligen in Rottenburg wieder heimisch.[71] Zur Einweihung wurde ein Meinrad-Schauspiel des Pfarrers und späteren fürstlich-waldburgischen Archivrates in Wolfegg Eugen Mack (1882–1947) aufgeführt, der auch andere historische Stoffe des Rottenburger Raumes dichterisch umsetzte.[72] In der Nachkriegszeit wurde neben dem St. Meinrad-Heim der St. Meinrad-Weg ausgebaut, und die Dompfarrgemeinde benannte einen ihrer Kindergärten nach dem Sülchgauheiligen. In einzelnen Familien verband sich mit der Namengebung „Meinrad" eine recht intensive Meinradsverehrung. Die Namenstage wurden feierlich begangen, in den Familien wurde zu Meinrad gebetet, in einem Fall wurde ein Künstler mit der Anfertigung eines Meinrad-Glasfensters beauftragt.[73]

[69] Personalkatalog der Diözese Rottenburg 1987.

[70] HOLZHERR, Zur Vorgeschichte, 6, 1895, S. 19.

[71] Bei der Einweihung wurde ein Theaterstück von Dr. Eugen Mack, damals Fürstlich Waldenburgischer Archivar, von 1907 bis 1910 Vikar in St. Moriz, aufgeführt: Meinrad. Ein Spiel in vier Akten vom Leben und Sterben des Heiligen von Sülchen-Rottenburg und Maria-Einsiedeln (vgl. MANZ, D., Meinrad von Sülchen, S. 217).

[72] MACK, EUGEN, Meinrad. Ein Spiel in vier Akten vom Leben und Sterben des Heiligen von Sülchen-Rottenburg und Maria-Einsiedeln, Rottenburg: Rottenburger Zeitung 1928, 66 S.; über ihn: Eugen Mack †. Von Karl Konrad Mack, Stuttgart 1947. Von ihm stammen auch Schauspiele über die Grafen von Hohenberg.

[73] Freundliche Mitteilung von Herrn Weckenmann, Rottenburg, und Herrn Meinrad Sauter, Rottenburg.

2. Die Fassungen der Lebensbeschreibungen Meinrads und Forschungsgeschichte

Im späten Mittelalter wurde Meinrads Vita in Handschriften vielfältig verbreitet.[74] Besonderer Wertschätzung erfreute sich das sogenannte Blockbuch, eine späte, ausgeschmückte Fassung, die zwischen 1450 und 1464 bei Lienhart Isenhut in Basel gedruckt worden war. In 47 bzw. 48 Holzschnitten wird das Leben des Heiligen gezeigt; 1961 ist dieses Buch von den Einsiedler Benediktinern neu aufgelegt worden.[75] 1520 entstand eine Handschrift mit 31 Federzeichnungen aus Meinrads Leben. Sie bildete die Grundlage für die letzte Darstellung des Meinradslebens von dem Einsiedler Benediktiner Joachim Salzgeber.[76] 1496 erschien bei Michael Furter in Basel eine von dem berühmten Humanisten Sebastian Brant besorgte „Passio sancti Meynhardi martyris et heremitas", deren 19 Holzschnitte bis 1630 immer wieder Verwendung fanden.[77] Bei demselben Drucker kam vermutlich um die gleiche Zeit auch eine deutsche Fassung der Vita heraus. Auch in den folgenden Jahrhunderten sorgten die Äbte von Einsiedeln dafür, daß in immer neuen Auflagen den zahlreichen Einsiedler Wallfahrern das Leben des Heiligen vor Augen geführt wurde.[78]

Forschungsarbeiten zum Leben des heiligen Meinrad entstammen vornehmlich der Feder der Benediktiner des Schweizer Stiftes Einsiedeln, die ihn als den Gründer der Zelle verehren, aus der ihr Kloster hervorgegangen war.[79] Südwestdeutsche Landeshistoriker gingen dem Leben des heiligen Meinrad nach, wenn sie sich mit den politischen Verhältnissen südwest-

[74] Druck der Texte bei RINGHOLZ, O., Geschichte des fürstlichen Benediktinerstifts Einsiedeln ..., Einsiedeln 1904, S. 647–652. (Vita des 9. Jh.; auch MGSS XV, 445–448); ebd. 652–657 (legendäre Vita des Georg von Gengenbach [1378]); vgl. KLÜPPEL, TH., Reichenauer Hagiographie, S. 45–47.

[75] HELBLING, L. (ED.), Das Blockbuch von St. Meinrad (1450 entstanden), Einsiedeln 1961 (Faksimile-Ausgabe).

[76] SALZGEBER, JOACHIM, Der heilige Meinrad. Sein Leben und Sterben, dargestellt nach 31 Federzeichnungen um 1520, Einsiedeln 1978.

[77] HENGGELER, RUDOLF, Profeßbuch der Fürstl. Benediktinerabtei U. L. Frau zu Einsiedeln. Festgabe zum tausendjährigen Bestand des Klosters, Einsiedeln 1933, S. 24.

[78] Vgl. die Zusammenstellung der Ausgaben der Meinhardsviten bei HENGGELER, R., Profeßbuch, S. 33–39.

[79] RINGHOLZ, O., Geschichte des fürstlichen Benediktiner Stifts ... Einsiedeln, S. 647–652, 445–448, 652–657; HELBLING L. (ED.), Das Blockbuch von St. Meinrad (1450 entstanden), Einsiedeln 1961 (Faksimile-Ausgabe); BRANDES, KARL, Der heilige Meinrad ... (Festschrift), Einsiedeln 1861; HENGGELER, R., Profeßbuch, S. 11 ff., 33 ff.; DONAUER, FRIEDRICH, Licht in der Wildnis. Das denkwürdige Leben des heiligen Meinrad nach den

deutschen Raum, namentlich im Sülchgau, zur Zeit des frühen Mittelalters beschäftigten. Kirchenhistoriker setzten sich mit dem heiligen Meinrad auseinander, wenn sie nach Typen von Heiligen und Arten der Heiligenverehrung im frühen Mittelalter fragten.[80] Genealogen gingen seiner Vita nach, weil sie in Meinrad einen der Vorfahren des Hauses der Hohenzollern sahen.
Insgesamt erstaunt die Fülle der Forschungsarbeiten, die sich mit dem um das Jahr 800 geborenen und 861 ermordeten Sproß eines mäßig reichen Angehörigen des Sülchgaus beschäftigen, von dem selbst keine Schriften oder Lebenszeugnisse erhalten sind.

3. Die Lebensgeschichte des heiligen Meinrad

Die älteste Lebensbeschreibung des heiligen Meinrad ist heute in einer St. Galler Handschrift aus dem ersten Drittel des 10. Jahrhunderts erhalten. Diese ist aber nicht die Urschrift, sondern bereits eine Abschrift einer älteren Fassung, so daß bei der Abfassung des Lebensberichtes seit dem Tode Meinrads im Jahre 861 kaum mehr als 30–40 Jahre vergangen sein werden.[81]
Die Quelle hat also einen hohen Grad an Zuverlässigkeit, auch wenn der Reichenauer Mitbruder Meinrads seinen Bericht in Art und Stil der Zeit schrieb, das heißt, daß er seinen Mitbruder entsprechend dem Schema schilderte, das den Eremiten und Märtyrer in der zeitgenössischen kirchlichen Literatur kennzeichnete.
Nach dem Bericht der Vita stammten die Eltern Meinrads aus dem Sülchgau, der seinen Namen nach dem Dorf Sülchen trug. Sie waren Alemannen und

geschichtlichen Quellen erzählt, Einsiedeln 1938; Ringholz, Odilo, Die Ausbreitung der Verehrung des Hl. Meinrad, in: Schweizerisches Archiv für Volkskunde 4, 1900, S. 85–130; Ringholz, Odilo, Oberbollingen oder Benken? Eine ortsgeschichtliche Frage aus dem Leben des heiligen Meinrad, in: Anzeiger für Schweizerische Geschichte und Altertumskunde NF 7, 1897, S. 473–480; St. Meinrad. Zum elften Zentenarium seines Todes 861–1961, hrsg. von den Benediktinern des Klosters Maria Einsiedeln, Einsiedeln 1961; Salzgeber, J., Der heilige Meinrad, Einsiedeln 1978.

80 Graus, Frantisek, Volk, Herrscher und Heiliger im Reich der Merowinger. Studien zur Hagiographie der Merowingerzeit, Praha 1965; Graus, Frantisek, Sozialgeschichtliche Aspekte der Hagiographie der Merowinger- und Karolingerzeit. Die Viten der Heiligen des südalemannischen Raumes und die sogenannten Adelsheiligen, in: Arno Borst (Hrsg.), Mönchtum, Episkopat und Adel zur Gründungszeit des Klosters Reichenau (VuF 20), Sigmaringen 1974, S. 131–176.

81 Sankt Meinrad, S. 25.

zeichneten sich, wie es heißt, mehr durch sittlichen Adel als durch Reichtum aus, dürften aber sicher dem Adel zugehört haben. Auf die Formelhaftigkeit solcher Wendungen in Heiligenviten hat Klüppel hingewiesen.[82] Meinrad wurde wenig vor 800 geboren. Als er das Schüleralter erreicht hatte – wohl mit fünf Jahren – brachte ihn sein Vater auf die Reichenau, dem, neben St. Gallen, bedeutendsten Kloster Südwestdeutschlands in der Karolingerzeit, wo er ihn einem Verwandten aus angesehenem, vielleicht gräflichen Geschlecht, dem Mönch Erlebald, empfahl, der dort als Reformer in führender Stellung tätig war und 823 selbst Abt (823–838) wurde.[83]
Erlebald erkannte die guten Anlagen des Kindes und übernahm gerne seine Erziehung. Meinrad machte gute Fortschritte. Wörtlich heißt es in der Vita: „Schon in frühen Jahren mied der Knabe jugendliche Streiche und verlegte sich darauf, die Lehren seines Meisters in sich aufzunehmen."[84] Mit 25 Jahren – vor dem Jahre 823 – wurde er nach dem Wunsch seines Lehrers zum Diakon und wenig später zum Priester geweiht. Nachdem Erlebald selbst Abt geworden war, riet er Meinrad, als Mönch in das Kloster Reichenau einzutreten, was er auch tat. Seine Vorzüge schildert sein Biograph mit allen Eigenschaften, die die Benediktusregel von einem guten Mönch verlangte: Er „gab sich alle erdenkliche Mühe, die Gelübde zu halten, immer zum Gehorsam bereit, streng im Fasten, unermüdlich im Gebet, großzügig in Werken der Liebe, vor allem aber demütig den Brüdern untergeordnet."
Sein Abt bestimmte ihn zum Vorsteher der Schule eines kleinen Klösterleins („cellulam quadam"), das am Zürichsee lag und zur Reichenau gehörte. Man identifiziert es heute mit einigem Recht mit Kloster Benken oberhalb des Zürichsees, das man aber urkundlich nur aus zwei Diplomen von 741 und 744 und aus der Lebensbeschreibung Meinrads kennt, die überhaupt die letzte Nachricht von dem Kloster gibt.[85]
Einige Zeit blieb Meinrad bei dieser Tätigkeit. Eines Tages ruderte er jedoch mit einigen Schülern über den Zürichsee, stieg mit ihnen in einen oberhalb des Sees gelegenen großen, einsamen Wald hinauf, wo er eine besonders

82 Klüppel, Th., Reichenauer Hagiographie, S. 49.

83 Sankt Meinrad, S. 27; Beyerle, Konrad, Die Kultur der Abtei Reichenau, Bd. 1–2, München 1925, Bd. 1, S. 85–92, auch an zahlreichen anderen Stellen; vgl. das Register Bd. 2, S. 1243.

84 MHS SS XV, S. 445, 19; 21; Sankt Meinrad, S. 29.

85 Sankt Meinrad, S. 29; Schnyder, Hans, Benken, in: Frühe Klöster. Die Benediktiner und Benediktinerinnen in der Schweiz. Red. von Elsanne Gilomen-Schenkel. Tl. 1 (= Helvetia Sacra III, Bd. I,1), Bern 1986, S. 239–247; Schneider, Wilhelm, Die sogenannte Beata-Sippe, ihre Landvergabungen (741–745) und deren Motive, in: Wilhelm Schneider, Arbeiten zur Alemannischen Geschichte, H. III/IV, Tübingen 1976, S. 315–365.

abgelegene Stelle fand. Er faßte den Wunsch, dort eine Zelle zu bauen und fand eine fromme Frau, die bereit war, ihn und andere Mönche mit dem notwendigen Lebensunterhalt zu versorgen. Nachdem er in Benken noch einige Zeit in Fasten und Gebet über diesen Plan nachgedacht hatte, verließ er das Kloster und die Schule, der er vorstand, und errichtete die geplante Zelle in dem einsamen Wald. Dort blieb er sieben Jahre, bis er, wie es heißt, die vielen Leute, die zu ihm kamen, nicht mehr ertragen konnte. Er verließ abermals seinen Aufenthaltsort und zog sich weiter in die Berge zurück, an einen Ort, den man heute im Bereich des eigentlichen Klosters Einsiedeln vermutet. Dort erbaute er mit Hilfe einer sonst nicht bekannten Äbtissin Heilwiga die für sein Vorhaben notwendigen Räume, wohl ein Oratorium, eine Wohn- und eine Gästezelle. Dort blieb er lebenslang und führte ein Leben in strengem Fasten und Gebet. Daß dies nicht einfach war, berichtet seine Vita.

Wohl auf Grund einer Erzählung Meinrads selbst erfahren wir von einer großen Zahl von Dämonen, die sich um ihn während seines Gebetes ausbreiteten, so daß er das Tageslicht nicht mehr um sich sehen konnte. „Sie suchten ihn mit schrecklichen Drohungen und maßlosem Grauen zu ermüden; er warf sich betend zur Erde nieder und empfahl sich, wie es die Not erforderte, mit allem Eifer dem gütigen Herrn. Erst nach langer Zeit erblickte er im Osten ein Licht: Darauf erschien ein Engel: er kommt mitten durch die bösen Geister hindurch auf den am Boden Betenden zu und befiehlt mit großer Würde der verworfenen Schar, sie solle weichen und niemals mehr wagen, ihm mit Versuchungen und Schrecknissen zu nahen. Die Feinde zogen sich zurück, der Engel tröstete ihn freundlich und verschwand. Von diesem Tage an wurde der ehrwürdige Mann, wie er selbst sagte, nie mehr mit Schrecknissen von bösen Geistern geplagt." Mit solchen Vorstellungen von Peinigungen durch Geister, die die eigene Existenz vernichten konnten, stand Meinrad unter den Reichenauer Mönchen nicht alleine. Zu seiner Zeit entstand die sogenannte „*Visio Wettini*", eine Art Himmels- und Höllenvision im Angesicht des Todes, die der Reichenauer Vorsteher der Klosterschüler Wetti hatte. Der ehemalige Abt und väterliche Freund Wettis, Heito, schrieb sie nieder und Walahfrid formte sie zu einem Gedicht um, ein Gedicht, das man in seiner Eindrücklichkeit einen Vorläufer von Dantes Göttlicher Komödie genannt hat;[86] Entsetzen und Furcht bedrückte die Rei-

[86] Walahfrid Strabo, Visio Wettini. Die Vision Wettis, übersetzt und erläutert von Hermann Knittel, Sigmaringen 1986; Beyerle, Konrad, Die Kultur der Abtei Reichenau, Bd. 1, S. 88; Dinzelbacher, Peter, Angst im Mittelalter. Teufels-, Todes- und Gotteserfahrung. Mentalitätsgeschichte und Ikonographie, Paderborn u. a. 1996.

chenauer Mönchgemeinschaft, während Wetti Heito bis zu seinem Tod diese Vision diktierte. Einige Züge dieser Schilderung finden sich auch in Meinrads Erscheinung der Dämonen, die ihn quälten, bis sie vor der Lichtgestalt des Engels endgültig weichen mußten. Gerade diese helle Engelsgestalt, die sich in Wettis Vision ihm als dessen Schutzengel zu erkennen gab, hatte auch für Meinrads Errettung aus seinen quälenden Angstträumen eine zentrale Bedeutung. Viele von den Mahnungen, die in Wettis Vision den Reichenauer Mönchen gegeben worden waren, hatte Meinrad in seiner eigenen Lebensgestaltung umzusetzen versucht: die Forderung nach strengerer Einhaltung der Mönchsgelübde und nach einer Reform des Klosterlebens (v. 699–734), der Ruf nach einem ihrer Aufgabe entsprechenden Lebenswandel der Geistlichkeit, die sich von ihren weltlichen Ämtern zurückziehen und sich alleine der Seelsorge widmen sollte (v. 339–362). Wahlafrid setzte in seinem Gedicht selbst hinzu, daß die Existenz eines Mönchs von weltlichem Streben gelöst sein müsse: Er habe sich für die Welt gekreuzigt. Im Einsiedlerleben, das Meinrad um 835, rund 10 Jahre nach Wettis Tod begann, dieser strengsten Form monastischer Existenz, waren die zentralen Forderungen der Vision seines Mönchsbruders erfüllt.
Das Leben Meinrads in der Einsiedelei bedeutete aber keine völlige Abgeschiedenheit. Er zelebrierte dort die Messe, es kamen Besucher, denen er als Almosen gab, was ihm zum Lebensunterhalt überlassen worden war. Von einem Besuch eines Mönchs aus Benken mit einigen Begleitern bei Meinrad wird ausdrücklich berichtet, bei dem sie gemeinsame geistliche Gespräche führten, wie es in der Benediktusregel vorgesehen war, und die Komplet feierten.
Im sechsundzwanzigsten Jahre seines Aufenthaltes in der Einsamkeit beschlossen zwei Männer, Meinrad zu berauben und zu töten. Der eine soll ein Alemanne mit Namen Richard und der andere ein Rätier mit Namen Petrus gewesen sein, was angesichts der damals durch die heutigen Bezirke March und Gaster verlaufenden Volkstumsgrenze in der Nähe der Meinradszelle nicht unglaubwürdig ist. Diese Szene wird in der Vita besonders ausführlich erzählt und ausgeschmückt: Es werden mehrere Motive eingeführt: das der zahmen Raben, die die Räuber später überführen sollten, die besondere Sanftmut des Heiligen, sein Kommunionempfang schon im Bewußtsein der kommenden Ereignisse, seine Gebete in der Kapelle, die bewußte Berührung der Reliquienkästchen in seiner Kirche vor der Begegnung mit den Räubern, sein Vorwurf an die Räuber, daß sie nicht schon zur Feier des Gottesdienstes zu ihm gekommen seien, seine demonstrative Wehrlosigkeit, die mit der Brutalität seiner Mörder eindrucksvoll kontra-

stiert. Die Brutalität des geschilderten Mordes, die nackte Habgier als Tatmotiv sind ohne weiteres glaubwürdig. Meinrads Todestag war der 21. Januar, wobei es Diskussionen über das genaue Jahr gibt. Das Jahr 861, das heute allgemein akzeptiert wird, dürfte das historisch verbürgte sein.
Die Mörder entflohen, doch wurden sie durch das Schreien der Raben, die Meinrad gezähmt hatte, verraten, gefangengenommen und nach einem Prozeß unter dem Vorsitz eines Grafen Adalbert[87] hingerichtet.
Die Kunde vom Tode Meinrads verbreitete sich rasch. Abt Walter von der Reichenau, der 858 bis 864 regierte, kam mit Reichenauer Mönchen und führte den Leichnam Meinrads aus dem Finsteren Wald („*ex ipsa heremo*", was später mit Einsiedeln oder Finsterem Wald übersetzt wurde) auf die Reichenau. Dort begruben ihn seine Mitbrüder in einer ihm geweihten Kapelle. 1039 wurden seine Gebeine in ihr erhoben und nach Einsiedeln übertragen.

4. Das historische Umfeld Meinrads

Der heilige Meinrad zählt also zu den historisch gut belegbaren Heiligen des frühen Mittelalters. Seine Eltern zählten sicher zum alemannischen Adel, denn sonst wäre Meinrad nicht im Kloster Reichenau, das sein Adelsprivileg bis ins Spätmittelalter zu bewahren wußte, aufgenommen worden. Sie gehörten aber nicht zum vornehmsten Kreis der fünf oder sechs alemannischen Familien, die wir gut kennen und aus deren Kreis der spätere hochmittelalterliche Adel, etwa die Zollern, die Nellenburger oder die Zähringer, entstammte.[88] Einen Grafensohn aus Meinrad machte erst der Reichenauer Chronist Hermann der Lahme, der im 11. Jahrhundert lebte (1013–1054) („*Comes de Sulgen filius comitis de Sulgen*").
Archäologen haben auf Grund der Auswertung von Grabfunden aus dem 7. und frühen 8. Jahrhundert gezeigt, wie die soziale Gliederung der Gesellschaft Alemanniens ausgesehen haben kann. Der Vater Meinrads wäre etwa der Schicht der adligen Personen mit durchschnittlichem Wohlstand zuzurechnen, in deren Gräber sich vor dem Aufhören der Beigabensitte

87 Es handelt sich mit einiger Sicherheit um Adalbert (II.), Graf im Alpgau, Thurgau, im Osten der Bertholdsbaar, Hegau, Westen der Bertholdsbaar und im Zürichgau zwischen 854 und 893 (vgl. Borgolte, M., Die Grafen, S. 21–28, bes. S. 25).

88 Schmid, Karl, Zur Problematik von Familie, Sippe und Geschlecht, Haus und Dynastie beim mittelalterlichen Adel, in: ZGO 105, 1957, S. 1–62.

etwa Fibelpaare, Kurzschwert u.ä. befunden hätten (Qualitätsgruppe B nach Christlein),[89] eine Schicht, die die alemannischen Rechtstexte als Mittelfreie (medii oder mediani) bezeichnet haben.[90] Ein Fresko in Mals in Südtirol gibt eine ungefähre Vorstellung, wie ein Adliger in einer Position des Vaters Meinrads ausgesehen haben könnte.

Wo im Sülchgau die Familie Meinrads gewohnt hat, ist nicht bekannt. Das Siedlungsbild des 9. Jahrhunderts ist von dem späteren jedoch noch grundsätzlich unterschieden. Alle späteren städtischen Siedlungen wie Rottenburg, Tübingen, Reutlingen oder Hechingen fehlten noch. In den meisten Fällen wohnten die Menschen in kleinen Weilern, wobei allerdings, wie die Grabungen der letzten Jahre in Sülchen und Ehingen gezeigt haben, gerade diese beiden zu dem Kreis recht beachtlicher Dörfer gehört haben müssen.[91] Die Wohnhäuser der vornehmen Familien bestanden zumeist aus einem großen Raum mit offenem Dachstuhl und Wänden aus Flechtwerk, die mit Lehm abgedichtet waren. Dazu gehörten weitere Bauten wie Gesindehäuser, Scheuern, Ställe mit Heuboden, Speicherbauten, Fruchtschütten, Keller, Webhäuser, Schaf- und Schweineställe.[92] Die Zusammenfügung der ergrabenen Pfostenlöcher in Sülchen zu zeitlich geschichteten Hausgrundrissen war noch nicht möglich. Ein karolingerzeitlicher „Herrenhof" in Sülchen läßt sich derzeit archäologisch nicht feststellen.[93]

Als Meinrad ein Alter hatte, in dem er für den Unterricht alt genug war („*Qui cum eam attigisset aetatem, qua aptari possit literarum studiis*"), also etwa mit fünf Jahren, brachte ihn sein Vater auf die Reichenau. Es muß dies eine sehr bewußte Wahl gewesen sein, gab es doch damals mit Hirsau, Esslingen, Murrhardt, Ellwangen, Herbrechtingen, Gengenbach, Schuttern, Ettenheimmünster, St. Trudpert, St. Gallen eine ganze Fülle von Klöstern, die sich ebenfalls für einen Klosterunterricht angeboten hätten. Mit der Reichenau wählte Meinrads Vater, wie erwähnt, die zusammen mit St. Gallen bedeutendste Abtei Südwestdeutschlands aus.[94] Ein solches Kloster war nicht nur

[89] Christlein, Rainer, Die Alemannen. Archäologie eines lebendigen Volkes, 2. durchges. Aufl., Stuttgart und Aalen 1979, S. 87.

[90] Beyerle, Franz, Das Kulturporträt der beiden alemannischen Rechtstexte: Pactus und Lex Alamannorum, in: Wolfgang Müller (Hrsg.), Zur Geschichte der Alemannen (WdF 100), Darmstadt 1975, S. 126–150, hier S. 145.

[91] Vgl. Anm. 38.

[92] Beyerle, Franz, Das Kulturporträt, S. 143.

[93] Freundliche Mitteilung von Herrn Erhard Schmidt, Landesdenkmalamt Baden-Württemberg.

[94] Zur Reichenau vgl. Reichenau, in: Die Benediktinerklöster in Baden-Württemberg, bearb. v. Franz Quarthal u. a. (= Germania Benedictina V), Augsburg 1975, S. 503–548

geistliches Zentrum, wobei die Reichenau mit über 100 Mönchen zur Zeit Meinrads über den größten Mönchskonvent in Südwestdeutschland verfügte. Das Kloster war ein Wirtschaftsunternehmen größten Zuschnitts, einer der größten Grundherren, Schule, Universität, Bücherproduktionsstätte, zentrale Bibliothek, wissenschaftliches und theologisches Kommunikationszentrum, musikalischer und künstlerischer Mittelpunkt für Architektur, Malerei, Musik, Plastik und Ausbildungsstätte hoher Verwaltungsbeamter im karolingischen Reich. Zugleich stellte das Kloster führende Köpfe für die Regierung der Karolinger. Zur Zeit des Eintritts Meinrads in die Reichenauer Schule wurde der Bau des Reichenauer Münsters in Angriff genommen und am 16. August 816 feierlich geweiht.[95] Mit 20 m Breite und 13 m Höhe, einem mächtigen Querhaus und einem eindrucksvollen Rechteckchor war das Gebäude ohne Zweifel der größte Steinbau Südwestdeutschlands; unter Abt Erlebald folgte dann der Neubau des Westquerschiffs. Für die Sakristei und die Paramentenkammer wurde ein zweigeschossiger Neubau an die Kirche angefügt. Neben dem Chor entstand ein Neubau mit Fußbodenheizung nach antikem Vorbild: ohne Zweifel die berühmte Schreibstube des Klosters. Mit den Konventsbauten, Gästetrakten, Wirtschaftsgebäuden und den zahlreichen Nebenbauten mußte die Reichenau zur Zeit Meinrads den Eindruck einer regelrechten Klosterstadt gemacht haben.

Während Meinrad Schüler der Reichenau war, wurde das Kloster zu einem der wichtigsten Überlieferungszentren antiker Autoren, namentlich auch kirchlicher und liturgischer Literatur. So wurde beispielsweise die genaueste Fassung der Benediktinerregel durch die Arbeit der Reichenauer Mönche überliefert. Durch den Austausch von Mönchen kam die Reichenau mit der berühmten karolingischen Gelehrtenschule in Tours in Berührung, durch die Kenntnis der dortigen Handschriften öffnete sich das Kloster der Bildungswelt Alkuins und der Angelsachsen. Nicht nur in wissenschaftlicher

[Lit. bis 1973, ohne ottonische Buchmalerei]; Frühe Klöster, die Benediktiner und Benediktinerinnen in der Schweiz, redigiert von Elsanne Gilomen-Schenkel (= Helvetia Sacra 3. Abt. Bd. 1, 2), Bern 1986, S. 1059–1066; Beyerle, Konrad (Hrsg.), Die Kultur der Abtei Reichenau. 2 Bde., München 1925; Maurer, Helmut (Hrsg.), Die Abtei Reichenau. Neue Beiträge zur Geschichte und Kultur des Inselklosters, Bd. 1, Sigmaringen 1974; Arno Borst (Hrsg.), Mönchtum, Episkopat und Adel zur Gründungszeit des Klosters Reichenau (= VuF 20), Sigmaringen 1974; Prinz, Friedrich, Frühes Mönchtum in Südwestdeutschland und die Anfänge der Reichenau. Entwicklungslinien und Forschungsprobleme, in: Arno Borst (Hrsg.), Mönchtum, Episkopat und Adel zur Gründungszeit des Klosters Reichenau (= VuF 20), Sigmaringen 1974, S. 38–76;

95 Beyerle, K., Die Kultur der Abtei Reichenau, S. 73.

Hinsicht gehörte das Inselkloster zu den ersten Abteien des Reiches; auf ebenso hohem Niveau stand das geistliche Leben. Abt Heito (806–823), der Abt, unter dem Meinrad in die Schule der Reichenau aufgenommen wurde, beteiligte sich an der Klosterreform Kaiser Ludwigs des Frommen, die die Klöster bis zum Ende des Mittelalters prägen sollte. Seine Stellungnahmen zu den Beschlüssen der Aachener Reformsynode von 816 geben ein eindrucksvolles Zeugnis von der Intensität und Spiritualität des monastischen Lebens auf der Reichenau zu Beginn des 9. Jahrhunderts.[96] Eine Frucht der Bemühungen um ein regeltreues Leben ist der sogenannte St. Galler Klosterplan, der nach 816 auf der Reichenau entworfen wurde und der eine ideale Konzeption für ein Großkloster der Karolingerzeit entwirft.[97] Unter Abt Erlebald (823–838), dem Lehrer Meinrads, wurde das berühmte Verbrüderungsbuch der Reichenau angelegt; unter ihm erreichten die Gebetsverbrüderungen der Reichenau ihre größte Ausdehnung.[98] Mit den Mönchen Wetti und Tatto, etwa Altersgenossen Meinrads, hatte die Reichenauer Klosterschule – im heutigen Sinn könnte man sagen die „Reichenauer Universität" – zwei ihrer fähigsten Vorsteher.

Meinrad kam als sogenannter *„puer oblatus"* auf die Reichenau.[99] Die Eltern übergaben ihn dem Kloster, das die Sorge für seine Ausbildung übernahm und zugleich verantwortlich für sein weiteres Schicksal war. Mit fünf Jahren war damit die Bindung an die eigene Familie weitgehend beendet. Statt des Sülchener Alemannischen wurde Latein seine Umgangssprache, deren ausschließlicher Gebrauch durch sogenannte *„circatores"* – Aufpasser und Anschwärzer – sorgsam überwacht wurde.

Man kann aus dieser Oblation mit einiger Sicherheit folgern, daß Meinrad ein nachgeborener Sohn der Familie war, der für die Herrschaft nicht in Frage kam, unter Umständen auch, daß er ein schwächliches und vielleicht leicht behindertes Kind war, dem man einen Kriegerberuf nicht zutraute und den man deswegen einem Kloster übergab, obwohl sich die Klöster gerade

96 Beyerle, K., Die Kultur der Abtei Reichenau, S. 78–82.

97 Hecht, Konrad, Der St. Galler Klosterplan, Sigmaringen 1983; Jacobsen, Werner, Der Klosterplan von St. Gallen und die karolingische Architektur, Berlin 1992; Zettler, Alfons: Die frühen Klosterbauten der Reichenau. Ausgrabungen, Schriftquellen, St. Galler Klosterplan, Sigmaringen 1988.

98 Rappmann, Roland – Zettler, Alfons, Die Reichenauer Mönchsgemeinschaft und ihr Totengedenken im früheren Mittelalter (= Archäologie und Geschichte 5), Sigmaringen 1995.

99 Lahaye-Geusen, Maria, Das Opfer der Kinder. Ein Beitrag zur Liturgie- und Sozialgeschichte des Mönchtums im Hohen Mittelalter (= Münsteraner theologische Abhandlungen 13), Altenberge 1991.

dagegen immer wieder durch weltliche wie kirchliche Bestimmungen zu schützen suchten.
Für rund 100 Jahre war die Schule des Klosters Reichenau, für 150 Jahre die des Klosters St. Gallen eine der besten im fränkischen Reich überhaupt, deren Lehrer zur Zeit Meinrads – Wetti auf der Reichenau oder Notker der Stammler St. Gallen – von überall her aufgesucht wurden. Die Klosterschulen des 8.–10. Jahrhunderts vermittelten die höchste Bildung im karolingischen Reich. Berühmte Mönche wurden als Lehrer in andere Kloster- und Domschulen erbeten, die mit ihrer Lehrmethode und den Büchern, die sie mitbrachten, erhebliche Impulse geben konnten. Wer eine solche Schule durchlaufen hatte, konnte einen Anspruch auf hohe Posten innerhalb der Reichskirche erhalten. So hat Ratpert, einer der berühmten Lehrer der St. Galler Klosterschule zu Ende des 9. Jahrhunderts, in seinen letzten Lebenstagen 40 seiner Schüler um sich versammelt, die alle Domherren geworden waren. Als Ekkehard II. von St. Gallen Mainz besuchte, erhoben sich sechs Bischöfe, die ihn als ihren Lehrer begrüßten. Ähnlich läßt Notker von St. Gallen in seinen „Gesta Karoli", der Lebensbeschreibung Kaiser Karls des Großen, Karl zu den erfolgreichen Schülern sagen: „Habt Dank, meine Söhne, daß ihr darauf Bedacht genommen habt, nach Kräften zu tun, was ich geheißen habe und was zu eurem Nutzen ist. Nun strebt danach, zum Abschluß zu kommen, und ich will euch herrliche Bistümer und Klöster geben." Notker war so sehr vom hohen Bildungsstand und der Blüte der Wissenschaften in den Klöstern überzeugt, daß er schrieb, die heutigen Gallier oder Franken kämen an Wissen den alten Römern oder Athenern gleich.[100]
Die Altersgenossen Meinrads auf der Reichenau zeichneten sich als Dichter aus, sie wurden in schwierigen Missionen für den Kaiser nach Konstantinopel geschickt, sie leisteten in Aachen Hofdienste, sie wurden in auswärtige Klöster gesandt, um im Kontakt mit den besten Gelehrten ihrer Zeit ihr Wissen zu vermehren. All dies macht deutlich, daß die Biographie Meinrads nach seinem Klostereintritt um 826 nicht unbedingt der Norm in seiner Abtei entsprach.
Im Alter von 25 Jahren hatte er aus der Hand des Abts Erlebald die Diakonsweihe, später auch die Priesterweihe erhalten. Man findet seinen Namen unter den frühesten Gruppen der Reichenauer Mönche, die dem ursprünglichen Verzeichnis der lebenden Brüder im Reichenauer Verbrüderungsbuch angefügt wurden; er muß also bald nach 826 Mönch geworden

[100] Vgl. QUARTHAL, FRANZ, Das Ehinger Kolleg in der benediktinischen Schultradition, Ehingen 1988, S. 4–10.

sein, womit auch die Stelle seines Namenseintrags in der Profeßliste des Klosters übereinstimmt.[101] Wenig später übertrug ihm Erlebald die Kirche zu Babinchova (Benken).
Das Kloster Benken zählte sicher nicht zu den bedeutendsten auswärtigen Niederlassungen der Reichenau. In den Quellen wird es *„cellula"*, also kleine Zelle, genannt. In der Regel sollten also in einer Zelle nicht weniger als sechs Mönche leben,[102] in Benken waren es vielleicht noch weniger.[103] Im Sinne einer weltlichen Laufbahn könnte man fast von einer Art Karriereknick des heiligen Meinrad sprechen, als er zum Leiter der Schule in Benken bestellt wurde. In monastischem Sinne war es dies sicher nicht, und es hat wohl auch ganz seinem Naturell entsprochen, dort in dieser kleinen Niederlassung tätig zu sein.
Nimmt man aber die Möglichkeiten weltlichen Handelns und innerklösterlicher wissenschaftlicher Tätigkeit, die die Reichenau zu dieser Zeit bot, dann war die Entsendung auf die Schulleiterstelle in Benken am Zürichsee sicher nicht das Glänzendste, was das Bodenseekloster damals zu bieten hatte. Offensichtlich aber wirft diese Entscheidung Abt Erlafrieds, der ja Meinrad bestens kannte, wieder ein Licht auf Meinrad selbst. Man kann sich ihn als gebildeten Mönch und Priester vorstellen, nicht unbedingt einen Wissenschaftler, aber von tiefer Spiritualität geprägt, zurückhaltend, kein Mönch für große öffentliche Auftritte oder gar für diplomatische Missionen. Das von dem Reichenauer Chronisten Gallus Öhem benützte und überlieferte Bücherverzeichnis des Inselklosters nennt ihn als Bücherschreiber und Bücherfreund, der aus den Reichenauer Beständen die nötigsten Handschriften für seine spätere Einsiedelei empfing.[104] Es heißt dort wörtlich: „Mainratt, priester unser bruoder, och ainsiel hatt im selbs die hystori des alten und nüwen testanmentz geschriben, hindangesetzt das buoch der profetten, das er begert durch ander brüder beschriben werden. – Er sant her sin histori zuo nutz und frucht der brüder hie zu behalten und behielt im selbs ain messbuoch mit den eppisteln und ain omilier, unser regel aine und die bücher Cassiani etc."[105] Die Notiz zeigt ihn als einen interessierten, in der Einsamkeit tätigen und zugleich im Austausch mit seinem Reichenauer

[101] Beyerle, Konrad, Aus dem liturgischen Leben der Reichenau, in: Beyerle, K., Die Kultur der Abtei Reichenau, S. 387.
[102] Jänichen, Hans, Zell- und Münster-Orte, in: Die Benediktinerklöster in Baden-Württemberg, S. 713–717.
[103] Schnyder, Hans, Benken, in: Frühe Klöster, S. 239–247.
[104] Beyerle, K., Aus dem liturgischen Leben, S. 388.
[105] Die Chronik des Gallus Öhem, S. 50, Z. 17–22.

Mitbrüdern stehenden Mönch. Bücherschreiben zählt zu den vornehmsten Tätigkeiten des Mönchsstandes. Zugleich hatte er sich mit den wichtigsten liturgischen Büchern ausgestattet. Die Benediktusregel bot ihm eine Richtschnur für das tägliche Leben, und mit Cassian (um 330 n. Chr. – um 430/35) hatte er sich einen der wichtigsten spätantiken Autoren und Lehrer des asketisch-monastischen Lebens besorgt.[106]

Benken liegt auf einer kleinen Anhöhe oberhalb des Linth-Flusses in der Niederung zwischen dem Zürichsee und dem Walensee und damit an einer recht wichtigen Handelsstraße von Zürich nach Chur und von dort auf die Bündnerpässe und somit letztlich an einer wichtigen Handelsstraße von Deutschland nach Italien, die damals noch größere Bedeutung hatte, weil der noch wichtigere Gotthardpaß im 9. und 10. Jahrhundert noch nicht gangbar war.

Meinrads Versuche, von Benken in eine wirkliche Einsamkeit wegzukommen, sind also durchaus verständlich, so daß er zunächst zum über der Ebene des Zürichsees steil ansteigenden Etzelpaß zog, wo er sieben Jahre blieb, und dann – rund zehn Kilometer weiter südlich – an der Stelle des späteren Klosters Einsiedeln eine zweite Einsiedelei gründete, wo er schließlich 861 ermordet wurde.

Meinrads Biographie ist im Zusammenhang mit den Auseinandersetzungen um den Charakter des Mönchtums zur Zeit Kaiser Karls des Großen zu verstehen. Unter Kaiser Karl hatte das Mönchtum im Frankenreich einen tiefgreifenden Wandel erfahren. Der Kaiser stand dem eigentlich monastischen Anliegen seit seinen Anfängen, der Absonderung von der Welt zugunsten einer kompromißlosen Bezogenheit auf Gott, innerlich fremd gegenüber. Er hatte das Mönchtum als Glied der Reichskirche betrachtet, das sich den Zwecken des Reichs unterzuordnen hatte. Von der gesamten Reichskirche hatte er nicht Absonderung von der Welt, sondern Aktion in der Welt und für die Welt verlangt.[107] Verwaltungsarbeit, Bildungsbemühungen, Übernahme von Reichsdiensten, Stellung von Soldaten, Aufbau großer Grundherrschaften zur besseren wirtschaftlichen Erschließung des Landes, dies waren die Aufgaben, die der Kaiser den Klöstern übertrug.

106 CHRISTOPHE, P., Cassien et Césaire: prédicateurs de la morale monastique, 1969.

107 FRANK, KARL SUSO, Grundzüge der Geschichte des christlichen Mönchtums, Darmstadt 1979, S. 59; SEMMLER, JOSEPH, Karl der Große und das fränkische Mönchtum, in: Karl der Große Bd. 2, Düsseldorf 1967, S. 255–290; STOSIEK, KONRAD, Das Verhältnis Karls des Großen zur Klosterordnung mit besonderer Rücksicht auf die regula Benedicti, Diss. Greifswald 1909.

Die karolingische Klosterreform hatte das gesamte benediktinische Mönchtum zu einer Umorientierung seiner Spiritualität gezwungen. Die Gründung der Einsiedelei durch Meinrad bedeutete deshalb im Letzten nichts anderes als die Verweigerung, an der karolingischen Instrumentalisierung des Mönchstums zugunsten des Reiches und seiner Bildungspolitik teilzuhaben, und dafür die Bewahrung ursprünglicher monastischer Traditionen und Frömmigkeitsformen, die Meinrad zur Richtschnur der persönlichen Lebensführung machte, in den Vordergrund zu stellen.[108] Diese Lebensentscheidung wurde von den Reichenauer Mönchen offensichtlich in diesem Sinn verstanden und in dieser Form akzeptiert, wie die nicht unterbrochene Beziehung zu seinem Heimatkloster belegt. Gerade dieser nichtkonformistische Zug macht Meinrad zu einem Menschen, mit dem sich eine innere Auseinandersetzung lohnt.[109]

Einsiedelei bedeutete aber nicht völlige Abschließung von der Welt. Meinrads Vita berichtet, daß in beiden Einsiedeleien eine fromme Frau bzw. eine Äbtissin für den nötigen Unterhalt Meinrads sorgt, daß er zumindest beim ersten Mal Gefährten bei sich hatte, die wohl in der Nähe wohnten. Meinrad wurde auch als Einsiedler nicht selten besucht, da er alles, was ihm für seine asketische Lebensführung als zu viel dünkte, als Almosen an Bedürftige weitergab. Mit seinem Profeßkloster stand er, wie die Büchersendungen und Ausleihen sowie die sofortige Reaktion auf der Reichenau nach seiner Ermordung beweisen, in andauerndem Kontakt. Offensichtlich war es üblich, daß fremde Durchreisende an seinen Messen teilnahmen. Und schließlich ging seine Einsiedelei nach seinem Tode nicht unter, sondern wurde zu Beginn des 10. Jahrhunderts vom Straßburger Domherrn Benno weitergeführt und konnte zur Keimzelle des 934 gegründeten Klosters Einsiedeln werden. Seine streng asketische Lebensweise, seine spirituelle Lebensführung bedeutete also keine Verweigerung vor der Welt, sondern hatte in ihrer Beschränkung und strengen Gottbezogenheit durchaus eine Ausstrahlung in die Welt hinaus.

108 Vgl. auch die Interpretation des Eremitenlebens bei KLÜPPEL, TH., Reichenauer Hagiographie, S. 50–55.

109 FRANK, KARL SUSO, Eremitentum, mittelalterliches, in: Lexikon des Mittelalters, Bd. 3, München und Zürich 1986, Sp. 2129.

5. Meinrad als Heiliger

Als die Kunde von der Ermordung Meinrads auf die Reichenau drang, holten Abt Walter und die Reichenauer Mönche seinen Leichnam zurück in das Inselkloster und bestatteten ihn dort in feierlicher Weise („*abba Waldharius et fratres sub ipso degentes corpus s. Meginrati viri dei ad monasterium Augiam deferentes ibi digno sepelierunt honore anno 863*"); vielleicht ist damals bereits die Meinradskapelle beim Reichenauer Münster entstanden.[110] Sicher war die Erschütterung über das Verbrechen groß, war Meinrad doch, soweit dies bekannt ist, der erste gewaltsam ums Leben gekommene Mönch der Reichenau. Auf der anderen Seite galt der Märtyrertod nahezu als ein sicherer Ausweis der Heiligkeit; ohne Zweifel haben die Reichenauer Mönche ihr ehemaliges Konventsmitglied als einen der ersten Heiligen ihres Klosters verehrt. Wohl noch im 9. Jahrhundert beschrieb ein Reichenauer Konventsbruder Meinrads Leben und Tod; es ist die Schrift, die eingangs zitiert wurde; in zahlreichen Handschriften ist diese „*Vita beati Meinradi heremitae et martyris*" überliefert.
Hundert Jahre nach der Gründung Einsiedelns, als dies bereits ein blühendes und wohl organisiertes Kloster war, hegte man dort den Wunsch, die Gebeine seines ersten Gründers zu besitzen. Man bat die Reichenau, Einsiedeln die Reliquien Meinrads auszuhändigen. Der Reichenauer Abt Berno und sein Konvent willigten 1039 in die Translation ein. Abt Berno, der große Liturgiker und Musiker, dichtete und komponierte selbst das Festoffizium, das noch heute in Einsiedeln gefeiert wird, wo Meinrad heute neben der Gnadenkapelle den zweiten wichtigen Raum in der Basilika von Einsiedeln besitzt.

6. Schluß

Meinrad gehört nicht zu den Heiligen, die sich heute unmittelbar erschließen und zu denen ein spontaner Zugang möglich ist. Eine nähere Beschäftigung mit seinem Leben und seiner Zeit eröffnet jedoch das Besondere seiner Lebensführung, etwas, das man heute mit Nonkonformismus bezeichnen würde, das jedoch weit mehr war. Meinrad ordnete sein Leben bewußt einer strengen Spiritualität unter, die ihre Basis in der ursprünglichen monastischen Askese und Weltabschließung hatte und gerade da-

[110] BEYERLE, KONRAD, Aus dem liturgischen Leben, S. 388.

durch in die Welt wirkte. Meinrad bewies eine spirituelle Eigenständigkeit, die dem monastischen Zeitgeist seiner Epoche deutlich entgegengesetzt war. In bewußter Abgeschiedenheit wirkte er durch eine vorbildliche Lebensführung wieder zurück auf seine monastische Gemeinschaft, das Großkloster auf der Reichenau.

Persönlich gab er ein Beispiel absoluter Gewaltlosigkeit, die gerade heute zum Nachdenken anregt. Daß trotzdem sein Lebensweg nicht gradlinig verlief und Sinnfragen des Lebens ihn existentiell bedrängt haben, wird an der Erzählung über seinen Kampf mit den Dämonen deutlich, den er – wieder in der Sprache seiner Vita – nur mit Hilfe der Engel gewinnen konnte. Unter diesen Aspekten erscheint Meinrad trotz seiner zeitlichen Ferne als ein lebendiger und aktueller Heiliger.

Ausgangspunkt unserer Überlegungen war die Herleitung des Gaunamens, aus dem Meinrad stammte. Archäologie, Altertumswissenschaft, Sprachgeschichte, Historiographie, Rezeptionsgeschichte, Kirchengeschichte und Hagiographie haben geholfen, sich einem wenig bekannten, aber doch fesselnden karolingerzeitlichen Heiligen Südwestdeutschlands anzunähern. Ein kurzes Zitat vom Ende der dritten Nokturn des Meinradofficiums, das in einer Handschrift aus dem 12. Jahrhundert überliefert ist, soll die Betrachtung zur Vita des heiligen Meinrad abschließen:

Sancte Meginrade,
nostrum decus o speciale,
magnus in hac vita
quondam fulgens eremita,
nunc cives coeli,
populo succurre fideli,
pondera cunctorum
precibus relevando malorum.

Heiliger Meinrad,
du unsere besondere Zierde,
Als großer Einsiedler leuchtest du einst in diesem Leben.
Komm jetzt als Himmelsbürger
dem treuen Volk zu Hilfe,
nimm weg durch deine Bitten
die Lasten aller Übel.[111]

[111] Sankt Meinrad, S. 61.

Lutz Reichardt

Schlusswort

Sehr geehrter Herr Stephan,
sehr geehrter Herr Taddey,
liebe Beiträger dieses Kolloquiums,
sehr geehrte Gäste!

Ich danke Ihnen, lieber Herr *Stephan*, für Ihre Idee, mein Ausscheiden aus dem bibliothekarischen Berufsleben durch ein wissenschaftliches Kolloquium festlich zu begehen, und für die Mühen der Planung, die Sie mit Herrn *Dr. Sieber* geteilt haben. Ihrer Initiative bedurfte es, denn ich verfüge ja nicht wie ein Ordinarius über einen „Hofstaat" von Mitarbeitern, die normalerweise eine solche Ehrung durch eine Festschrift oder ein Festkolloquium organisieren. Herzlichen Dank!

Lieber Herr *Taddey*, ich danke Ihnen für Ihre so freundliche Würdigung meines Ortsnamenwerkes und dafür, dass die Kommission für geschichtliche Landeskunde meine 9 Ortsnamenbücher gedruckt hat und damit der wissenschaftlichen Öffentlichkeit zugänglich gemacht hat. Ich bin sehr froh, dass die Frage einer Veröffentlichung seit Herrn Prof. Gönner und Herrn Prof. Schaab für mich nie ein Problem gewesen ist. Ich habe meinen Beitrag zur Landesgeschichte Baden-Württembergs mit Freude geleistet.

Besonders dankbar bin ich aber natürlich den Beiträgern zu diesem Kolloquium, die in alter Verbundenheit zu dieser Veranstaltung erschienen sind, obwohl Sie alle sicherlich mehr als genug Veröffentlichungsverpflichtungen haben.

Sie, lieber Herr *Ruoff*, haben das von uns allen leidvoll erfahrene Problem der namenkundlichen Laien thematisiert und so anschaulich gemacht, dass wir Ihren Vortrag nicht vergessen werden. Glänzende Vorträge scheinen württembergische Volkskundlertradition zu sein, wenn man an Namen wie Helmut Dölker, Hermann Bausinger und Gustav Schöck denkt, aber Ihnen gebührt die Goldmedaille: Sie sind sozusagen der Decker-Hauff der Volkskunde.

Lieber Rolf *Kully*, es ist für uns alle, aber besonders für mich eine besondere Freude und Ehre, dass mit dir ein Baseler Germanist und ehemaliger Solo-

thurner Bibliotheksdirektor an diesem Festkolloquium teilgenommen hat. Herzlichen Dank dafür! Der Gegenstand deines Beitrags, die Zeitenwende vom Romanischen zum Germanischen, ist ein onomastisches Thema, für das die Schweiz ein ideales Terrain darstellt. Du hast hier 5 schwierige Fälle aus dem Material deines Solothurnischen Orts- und Flurnamenbuches vorgestellt und 3 davon nicht wie bisher als romanische, sondern als deutsche Namen erklärt. Das entspricht dem heutigen methodologischen Prinzip der ausschließenden Etymologie, das nur dann vorgermanische Deutungen erlaubt, wenn Erklärungen aus dem Deutschen nicht möglich sind. Von gleicher Explizitheit ist deine Überprüfung der primär romanischen Namen Atreu und Grenchen/Granges. Wir sind alle sehr gespannt auf den ersten Band deines Solothurnischen Orts- und Flurnamenbuchs, der bald erscheinen wird.
Sie, lieber Herr *Greule*, haben durch Ihre Teilnahme dem Kolloquium besonderes Gewicht verliehen. Sind Sie doch der unbestrittene „Papst" der deutschen Gewässernamenforschung, der schwierigsten onomastischen Teildisziplin, und hat Ihr Thema „Die Flussnamen Württembergs" für uns in Stuttgart zentrale Bedeutung. Ganz herzlichen Dank für Ihren hervorragenden Vortrag und für den vielfältigen wissenschaftlichen Rat, den Sie mir bei meinen eigenen Veröffentlichungen bereitwillig angeboten und gespendet haben.
Dass mit Ihnen, lieber Herr *Quarthal*, auch die Stuttgarter landesgeschichtliche Abteilung des Historischen Instituts an diesem Festkolloquium teilgenommen hat, belegt das interdisziplinäre Verständnis, das in Baden-Württemberg zwischen der Geschichtswissenschaft und der Siedlungsnamenforschung herrscht. Die interdisziplinäre Zusammenarbeit ist aber bekanntlich nicht immer einfach, da trotz strenger wissenschaftlicher Methodologie auf beiden Seiten teilweise die Ergebnisse zweier Fächer nicht übereinstimmen. Man muss in einem solchen Fall Korrekturen vornehmen, auch wenn es schwer fällt. Im Falle des Namens Sülchen habe ich Ihnen nachgegeben auf Grund eines eindeutigen archäologischen Befundes. In anderen Fällen musste ich lieb gewordene Historikerdeutungen mit sprachhistorischen Argumenten ablehnen. Die Linguistik ist da mit ihrer strengen Methodologie in keiner schlechten Position, aber sie muss sich eben auch immer dem topographischen und historischen Sachbezug stellen. Dafür sind die Werke der historischen Landesbeschreibung, „Das Land Baden-Württemberg" und die amtlichen Kreisbeschreibungen, von größtem Wert. Dem Vorschlag des Landesrechnungshofes, die Erarbeitung der Kreisbeschreibungen einzustellen, sollten der Landtag und die Regierung keines-

falls folgen, denn die vom Rechnungshof zum Vergleich herangezogenen Heimatbücher und eine Heimatbuchreihe sind qualitativ in keiner Weise vergleichbar und insofern kein Ersatz.
Damit sind wir am Ende des Kolloquiums angelangt, das sicherlich als gelungen zu bezeichnen ist und eine Veröffentlichung verdient.
Ich danke auch allen Diskussionsteilnehmern und Gästen und wünsche Ihnen allen eine gute Heimkehr.

Veröffentlichungen von Lutz Reichardt

(Stand 2000)

Bücher:

Die Siedlungsnamen der Kreise Gießen, Alsfeld und Lauterbach in Hessen: Namenbuch
Göppingen: Kümmerle, 1973. – 452 S.: 1 Kt. (Göppinger Arbeiten zur Germanistik; Nr. 86)
Zugl.: Marburg, Univ., Fachbereich Allg. und Germanist. Linguistik und Philologie, Diss., 1972

Ortsnamenbuch des Kreises Esslingen
Stuttgart: Kohlhammer, 1982. – VII, 140 S.: 1 Kt. – (Veröffentlichungen der Kommission für geschichtliche Landeskunde in Baden-Württemberg: Reihe B, Forschungen; Bd. 98). – ISBN 3-17-007276-5

Ortsnamenbuch des Stadtkreises Stuttgart und des Landkreises Ludwigsburg
Stuttgart: Kohlhammer, 1982. – VII, 205 S.: 1 Kt. – (Veröffentlichungen der Kommission für geschichtliche Landeskunde in Baden-Württemberg: Reihe B, Forschungen; Bd. 101). – ISBN 3-17-007970-0

Ortsnamenbuch des Kreises Reutlingen
Stuttgart: Kohlhammer, 1983. – VII, 176 S.: 1 Kt. – (Veröffentlichungen der Kommission für geschichtliche Landeskunde in Baden-Württemberg: Reihe B, Forschungen; Bd. 102). – ISBN 3-17-007971-9

Ortsnamenbuch des Kreises Tübingen
Stuttgart: Kohlhammer, 1984. – VII, 131 S.: 1 Kt. – (Veröffentlichungen der Kommission für geschichtliche Landeskunde in Baden-Württemberg: Reihe B, Forschungen; Bd. 104). – ISBN 3-17-008406-2

Ortsnamenbuch des Alb-Donau-Kreises und des Stadtkreises Ulm
Stuttgart: Kohlhammer, 1986. – VII, 382 S.: 1 Kt. – (Veröffentlichungen

der Kommission für geschichtliche Landeskunde in Baden-Württemberg: Reihe B, Forschungen; Bd. 105). – ISBN 3-17-009430-0

Ortsnamenbuch des Kreises Heidenheim
Stuttgart: Kohlhammer, 1987. – VII, 229 S.: 1 Kt. – (Veröffentlichungen der Kommission für geschichtliche Landeskunde in Baden-Württemberg: Reihe B, Forschungen; Bd. 111). – ISBN 3-17-009791-1

Ortsnamenbuch des Kreises Göppingen
Stuttgart: Kohlhammer, 1989. – VII, 229 S.: 1 Kt. – (Veröffentlichungen der Kommission für geschichtliche Landeskunde in Baden-Württemberg: Reihe B, Forschungen; Bd. 112). – ISBN 3-17-009885-3

Ortsnamenbuch des Rems-Murr-Kreises
Stuttgart: Kohlhammer, 1993. – VII, 466 S.: 1 Kt. – (Veröffentlichungen der Kommission für geschichtliche Landeskunde in Baden-Württemberg: Reihe B, Forschungen; Bd. 128). – ISBN 3-17-011967-2

Ortsnamenbuch des Ostalbkreises. Teil I–II
Stuttgart: Kohlhammer, 1999. – 419 u. 402 S.: 1 Kt. (Veröffentlichungen der Kommission für geschichtliche Landeskunde in Baden-Württemberg: Reihe B, Forschungen; Bd. 139 u. 140). – ISBN 3-17-015351-X und 3-17-015352-8

Ortsnamenbuch des Kreises Böblingen
(Manuskript abgeschlossen)
Erscheint 2001

Aufsätze:

Zum Namen Altbach
In: Beiträge zur Namenforschung, N. F. 14 (1979), S. 44–48

Ammerbuch und Starzach: zwei moderne Ortsnamen
In: Beiträge zur Namenforschung, N. F. 17 (1982), S. 369–373

Grinar[ium]: ein römisches Lagerdorf
In: Beiträge zur Namenforschung, N. F. 17 (1982), S. 31–33

Pflugfelden
In: Beiträge zur Namenforschung, N. F. 17 (1982), S. 34–35

Sumelocenna, Sülchen, Ehingen und Rottenburg: vier Ortsnamen im Bereich der Stadt Rottenburg am Neckar
In: Beiträge zur Namenforschung, N. F. 17 (1982), S. 374–381

Teck und Neufen: zwei altertümliche Bergnamen in Schwaben
In: Beiträge zur Namenforschung, N. F. 17 (1982), S. 27–30

Die Deutung des Namens Heubach
In: Heubach und die Burg Rosenstein: Geschichte, Tradition, Landschaft/ [Hrsg.: Stadt Heubach. Red. Fritz Schenk ...]. – [Schwäbisch Gmünd]: Einhorn-Verl., 1984, S. 28–30

Zur Anlage und Herstellung landschaftlicher Namenbücher
In: Beiträge zur Namenforschung, N. F. 19 (1984), S. 184–200. – Repr.: Germanistische Linguistik 129–130 (1996), S. 47–62

Donau
In: Blätter für oberdeutsche Namenforschung, 22 (1985), S. 33–39

Rißtissen
In: Blätter für oberdeutsche Namenforschung, 22 (1985), S. 40–44

Eck in Flurnamen und Burgnamen
In: Beiträge zur Namenforschung, N. F. 22 (1987), S. 73–78

Heukrampfen, Schnürpflingen und Konsorten: Beinamen in südwestdeutschen Siedlungsnamen
In: Beiträge zur Volkskunde in Baden-Württemberg, 2 (1987), S. 7–16

Ganslosen/Auendorf
In: Beiträge zur Namenforschung, N. F. 23 (1988), S. 250–253

Hebsack
In: Beiträge zur Namenforschung, N. F. 35 (1990), S. 64–66

Die -ingen-Namen Württembergs
In: Zeitschrift für Württembergische Landesgeschichte 50 (1991), S. 13–36
Repr.: Germanistische Linguistik 129–130 (1996), S. 251–275

Kapf
In: Beiträge zur Namenforschung, N. F. 27 (1992), S. 350–351

Kuchen: Name und Sache; mit einem Exkurs über Essingen/von Martin Kempa und Lutz Reichardt
In: Zeitschrift für Württembergische Landesgeschichte 53 (1994), S. 341–353

Historische Ortslexika und Ortsnamenbücher
In: Zeitschrift für Hohenzollerische Geschichte, 28 (1992), S. 179 f.

Zu vordeutschen geographischen Namen in Baden-Württemberg
In: Dauer im Wechsel, Akten des namenkundlichen Symposiums auf dem Weißenstein bei Solothurn 1995, Solothurn 1996, S. 15–24

Arbeits- und Darstellungstechniken der Namenforschung: Namenbücher
In: Namenforschung. Hrsg. von Ernst Eichler u. a., 1. Teilbd., Berlin: De Gruyter 1995, S. 304–312

Nachfolger Hans Bahlows
In: Beiträge zur Namenforschung, N. F. 31 (1996), S. 398–406

Die Baden-Württembergischen Ortsnamenbücher
In: Historisch-philologische Ortsnamenbücher, Regensburger Symposion 1994, Heidelberg 1996, S. 147–160

Zur historischen Dialektologie des Schwäbisch-Alemannischen: die Baden-Württembergischen Ortsnamenbücher
In: Syntax und Stilistik der Alltagssprache, Beiträge der 12. Arbeitstagung zur alemannischen Dialektologie 1996 in Ellwangen/Jagst. Hrsg. von Arno Ruoff u. Peter Löffelad. Tübingen 1997, S. 215–222

Siedlungsnamen: Methodologie, Typologie und Zeitschichten (Beispiele aus Hessen)
In: Die Welt der Namen. Hrsg. von Norbert Nail.
Marburg: Universitätsbibliothek 1998, S. 18–62 (Schriften der Universitätsbibliothek Marburg, 97)

Die Bände 1 bis 38 der Schriftenreihe „Reden und Aufsätze" erschienen im Zeitraum 1924 bis 1971.

1991 wurde die Reihe fortgeführt:

Band 43/1993 Käte Hamburger. Reden bei der Akademischen Gedenkfeier der Universität Stuttgart für Frau Prof. Dr. phil. habil. Käte Hamburger am 8. Dezember 1992. Hrsg. von Jürgen Hering

Band 44/1993 Baukultur und Technikfolgen. Vorträge, gehalten beim Fakultätsabend der Fakultät Bauingenieur- und Vermessungswesen aus Anlaß des 70. Geburtstages von Prof. Dr.-Ing. Volker Hahn. Hrsg. von Jürgen Hering

Band 45/1993 Erstes Stuttgarter Bildungsforum. Reden bei der Veranstaltung der Universität Stuttgart am 18. Juni 1993. Hrsg. von Andreas Reuter

Band 46/1994 Jürgen Joedicke: Architekturlehre in Stuttgart. Von der Real- und Gewerbeschule zur Universität

Band 47/1994 Hans L. Merkle. Reden bei der Festveranstaltung aus Anlaß der Ernennung von Prof. Dr. h. c. Hans L. Merkle zum Ehrenbürger der Universität Stuttgart. 4. Februar 1994. Hrsg. von Heide Ziegler

Band 49/1995 Artur Fischer. Reden beim Symposium aus Anlaß der Verleihung der Ehrendoktorwürde (Dr.-Ing. E.h.) an Senator E. h. Prof. Dr. phil. h. c. Artur Fischer durch die Universität Stuttgart am 9. Dezember 1994. Hrsg. von Jürgen Hering

Band 51/1995 Zweites Stuttgarter Bildungsforum. Orientierungswissen versus Verfügungswissen: Die Rolle der Geisteswissenschaften in einer technologisch orientierten Gesellschaft. Reden bei der Veranstaltung der Universität Stuttgart am 27. Juni 1994. Hrsg. von Ulrich Engler

Band 52/1996 Richard von Weizsäcker. Reden bei der Festveranstaltung aus Anlaß der Ernennung von Dr. Richard von Weizsäcker zum Ehrenbürger der Universität Stuttgart. 18. Dezember 1995. Hrsg. von Heide Ziegler

Band 53/1996 Richard Döcker (1894–1968). Ein Kolloquium zum 100. Geburtstag. Hrsg. von Dieter Kimpel und Dietrich Worbs